**If the
Symptoms
Persist**

If the Symptoms Persist

Francis Combes
Translated by Alan Dent

Smokestack Books

1 Lake Terrace, Grewelthorpe, Ripon HG4 3BU
e-mail: info@smokestack-books.co.uk
www.smokestack-books.co.uk

*Si les symptômes persistent
consultez un poète*
was first published by
Le Merle Moqueur/
Le Temps des Cerises
(Paris, 2013).

ISBN 9780995767560

Smokestack Books
is represented
by Inpress Ltd

Table des Matières

Non, la Terre n'est pas ronde	14

POÈMES SANS DOMICILE FIXE
Trou noir	18
Utilité de la poésie	20
Rue de Rennes	22
Le tunnel	24
Le mendiant et la grande puissance	26
Le candidat ideal	28
Le goéland	30
Willy I	34
Willy II	40
Une couronne pour Ginka	42
Jogging	46
Chose vue I	48
Être ou ne pas être une mouette	50
Une cigogne à Paris	52
Au soleil des trottoirs	54
Soliloque	58
Le jeune et le chien	60
L'âge de la cueillette	62
Joyeux Noël	64
Intimité	66
Chose vue II	68
Une aventure au Palais-Royal	70
L'ami invisible	74
Le pêcheur de sourires	76

POÉSIE RAYON PRODUITS FRAIS
Le baladin de la zone commerciale	82
La femme de l'homo erectus	92
Larmes à vendre	94
Poème gratuit n°1	98
Ex-voto pour une play mate	100
Tract	104

Contents

No, the Earth is not Round	15
HOMELESS POEMS	
Black Hole	19
The Usefulness of Poetry	21
Rue de Rennes	23
The Tunnel	25
The Beggar and the Great Power	27
The Ideal Candidate	29
The Seagull	31
Willy 1	35
Willy 2	41
A Crown for Ginka	43
Jogging	47
Things Seen (1)	49
To Be or Not to Be a Seagull	51
A Stork in Paris	53
In the Sunshine of the Pavements	55
Soliloquy	59
The Young Man and the Dog	61
The Age of Gathering	63
Merry Christmas	65
Intimacy	67
Things Seen (2)	69
An Adventure at the Palais Royal	71
The Invisible Friend	75
The Fisherman of Smiles	77
POETRY FROM THE FRESH FOOD COUNTER	
The Troubadour of the Shops	83
Homo Erectus's Wife	93
Tears for Sale	95
Free Poem no. 1	99
Ex-Voto for a Playmate	101
Tract	105

Petite annonce	108
Du pain sur la planche	110
Image de la femme occidentale	112
Image de l'homme occidental	114
Un cœur au frigo	116
Une ordonnance	118
Les sept merveilles du monde	120
Écologie urbaine	124
Poème gratuit n°2	126
Le rap anti-marques	128
Consignes pour le tri sélectif	134
Consultez les spécialistes !	136
Recette pour écrire un poème post moderne et commercial	138
Relance pour factures impayées	140
Testament provisoire	144
Poème (plus ou moins) gratuit n°3	146
Le poème	148
Sur l'obscurité en poésie	150
Technicolor	152
Samedi en famille	154
Commande urgente sur catalogue	156
Nature : service après-vente	158
Sur une idée de Properce	160
L'ours	162
Le trafiquant des muses	166
Allumez les étoiles !	168

POÈMES MORAUX

La prosopopée des chaises	176
Autocritique	182
La longue marche	184
En hommage à Dolly	186
Concert matinal	188
Le bon pain	190
Géométrie post-individualiste	192
Une chaussette	194
Sur une maison	196

Small Ad	109
Plenty on Your Plate	111
The Image of Western Woman	113
The Image of Westerm Man	115
Heart in the Fridge	117
A Prescription	119
The Seven Wonders of the World	121
Urban Ecology	125
Free Poem no. 2	127
The Anti-Brand Rap	129
Instructions for Sorting	135
Consult the Specialists!	137
Recipe for Writing a Post-Modern Commercial Poem	139
Demand For Unpaid Bills	141
Provisional Will	145
Free Poem (More or Less) no. 3	147
The Poem	149
On Obscurity in Poetry	151
Technicolour	153
Family Saturday	155
Urgent Order from a Catalogue	157
Nature: After Sales Service	159
On an Idea from Propertius	161
The Bear	163
The Muse Dealer	167
Turn on the Stars	169

MORAL POEMS

The Speaking Chair	177
Self-criticism	183
The Long March	185
Homage to Dolly	187
Morning Concert	189
The Good Bread	191
Post-Individualist Geometry	193
The Sock	195
On a House	197

Sur la biberté	198
Mon frère, le chien	202
Gérer	204
Le caillou	206
L'appel des sapins	210
S'éclater	212
L'œillet	214
Pensée profonde en cueillant des framboises	216
La tête dans les nuages	218
Haï ku du printemps	220
De l'unité et de la diversité	222
Le plant de haricot	224
Les rosacées	226
Les espadrilles	228
Haï ku d'un soir déraisonnable	230
Sur un cendrier	232
Le congrès des oiseaux	234
Sagesse	236
Je et l'autre	238
Le pissenlit	240
Le bon conseil	242

POÈMES POLITIQUES

Entre nous, pas de politique	246
Avis de recherche contre le capitalisme	248
Le fléau du chômage	250
Guerre du Golfe	254
Étiologie des parasites	256
Épitaphe pour le XXe siècle	258
Des propriétés physiques de l'argent	262
Collaboration des classes	264
Marée noire	266
Histoire abrégée des empires	268
Origami occidental	272
L'empire attaque	274
Retour du religieux	276
Étrennes	278

On Liberty	199
My Brother, The Dog	203
Managing	205
The Pebble	207
The Call of the Fir Trees	211
Blow Out	213
Carnation	215
Profound Thought While Gathering Raspberries	217
Head in the Clouds	219
Spring Haiku	221
Of Unity and Diversity	223
The Bean Plant	225
Rosaceae	227
Espadrilles	229
Haiku on an Unreasonable Evening	231
On an Ashtray	233
The Parliament of Birds	235
Wisdom	237
I and the Other	239
The Dandelion	241
The Piece of Good Advice	243

POLITICAL POEMS

Between Us, No Politics	247
Capitalism: Wanted Dead or Alive	249
The Plague of Unemployment	251
The Gulf War	255
Etiology of Parasites	257
Epitaph for the Twentieth Century	259
The Physical Properties of Silver	263
Class Collaboration	265
Black Tide	267
A Brief History of Empires	269
Western Origami	273
The Empire Attacks	275
The Return of the Sacred	277
Presents	279

Les grands européens	280
Antisémitisme	284
La porte	286
De la théorie	288
À propos des divergences	290
Le parti se renforce en s'épurant	292
Vers la disparition des espèces menacées !	296
Sélénites et terriens	300
Conscience de classe	302
La complainte du trader	304
Sortie de crise	308
Non, les financiers ne sont pas des huîtres	310
La ballade du pays des interdits	314
Jean-Paul II, in memoriam	320
Actualités mythologiques	322
Épitre à Horace sur le droit à la retraite	324
Ô gué, vive la rose !	326
Graine de chef	328
Le monde à l'envers	330
Conseil d'un vieux poète satirique	332
Alléluia pour des chaussures	334
Contrôle d'identité	336
L'espérance	340
Conseil au prince	342
Optimisme scientifique	344
Ce Monde est bien fait	346
Un coquelicot	348
Être unis	350
Facile	352

The Great Europeans	281
Antisemitism	285
The Door	287
Theory	289
On Divergence	291
The Party Gets Stronger by Purging Itself	293
Long Live the Disappearance of Threatened Species	297
Selenites and Earthlings	301
Class Consciousness	303
The Trader's Complaint	305
Emergency Exit	309
No, Financiers are not Oysters	311
The Ballad of the Country of the Forbidden	315
In Memoriam Jean-Paul II	321
Mythological News	323
Epistle to Horace on the Right to Retirement	325
Hey-Ho, Long Live the Rose!	327
Seed of a Boss	329
The World Turned Upside Down	331
Advice From an Old Satirical Poet	333
Hallelujah for Shoes	335
Identity Check	337
Hope	341
Advice to a Prince	343
Scientific Optimism	345
This World is Well Made	347
A Poppy	349
Being United	351
Simple	353

Non, la terre n'est pas ronde

Non, la Terre n'est pas ronde
Si la Terre était ronde
Cela se verrait
Cela se saurait
Si la Terre était ronde
Il n'y aurait pas, d'un côté,
Quelques-uns tout en haut,
Et les autres, la plupart des autres,
En bas,
Souvent même tout en bas…
Si la Terre était ronde
Aucun pays
Ne pourrait se dire
Le centre de la Terre
Car tous seraient au centre.
Et tous les hommes
Tout autour de la Terre,
Seraient logés à la même enseigne.
Mais ce n'est pas le cas
Et la Terre va de travers
Parce que la Terre n'est pas ronde.
En tout cas,
Pas encore.

No, the Earth is Not Round

*No the earth is not round.
If the earth was round
It would be obvious
It would be common knowledge
If the earth was round
There wouldn't be, on the one hand,
Some, very well-placed
And others, the majority,
Down below,
Often even very low
If the earth was round
No country
Could call itself
The centre of the earth
Because we would all be the centre
And all people
All over the earth
Would live under the same sign
But that is not so
And the world goes haywire
Because the earth isn't round
At least
Not yet.*

POÈMES SANS DOMICILE FIXE

# HOMELESS POEMS

Trou noir

« MERDE, a écrit quelqu'un
à la peinture rouge, sur un mur,
du côté de Beaubourg,
J'AI PAS PIED ! »

Tout autour dans la rue
la circulation continue.
À la surface du trottoir
pas une ride…
Le trou, dans le bitume,
a dû se refermer.

Black Hole

'Shit', someone has written
In red paint, on a wall
In Beaubourg
'I AM SINKING!'

All around in the street
The traffic goes by.
On the surface of the pavement
Not a wrinkle…
The hole in the tarmac
Must have closed up.

Utilité de la poésie

Un jeune mendiant croisé dans le métro,
sur un bout de carton accroché à son cou
avait écrit ces mots :

« Comme la forêt en feu
crie vers l'eau de la rivière
je m'adresse à vous :
Donnez-moi SVP
quelque chose à manger. »

Et, semble-t-il,
des gens donnaient.
(Ce qui tendrait à démontrer
l'utilité dans nos sociétés
de la poésie.)

The Usefulness of Poetry

A young beggar encountered in the metro
had written these words
on a piece of cardboard hung round his neck;

'As the burning forest
shouts towards the river's water
I appeal to you:
Please give me
something to eat.'

And it seems
People were giving.
(Which would tend to point to
the usefulness of poetry
in our societies.)

Rue de Rennes

À la sortie du grand magasin
un homme corpulent
(barbe rousse, tête de moujik
ou de pirate des Caraïbes)
est agenouillé sur son sac
au milieu du trottoir.
Il ne prie pas Dieu
mais l'humanité
qui passe dans tous les sens
devant lui.
Quelques humains donnent ;
peu nombreux
(juste assez pour qu'il persévère
dans son activité)…
Mais la plupart de ceux qu'ils prie
font comme Dieu :
ils ne lui prêtent aucune attention.

Rue de Rennes

At the exit to a department store
a corpulent man
(red beard, head of a Moujik
or Caribbean pirate)
is kneeling on his bag
in the middle of the pavement.
He isn't praying to God
but humanity
which passes in every direction
before him.
A few people give him something
not many
(just enough for him to keep going)
But most of those he appeals to
do as God:
they pay him no attention.

Le tunnel

Dans le ventre de Paris,
sous le Forum des Halles,
juste à côté du passage souterrain
qu'empruntent les automobiles,
le long de la voie rapide,
un homme a installé
son canapé,
sa télé,
son poste de radio
et un écran d'ordinateur.
Là, il est à l'abri,
au chaud, dans les gaz d'échappement.
Ici, personne ne le dérange,
mais de là où il est
il ne voit pas
le bout du tunnel.

The Tunnel

In the belly of Paris
under the Forum des Halles
just next to the underpass
which the cars take
along the fast lane
a man has set up
his sofa
his telly
his radio
a computer screen.
Here, he is sheltered,
warm, in the exhaust fumes.
Here, no one disturbs him,
but from where he is
he can't see
the light at the end of the tunnel.

Le mendiant et la grande puissance

Près du métro, un SDF
regarde passer ceux qui vont travailler
dans les bureaux et les ateliers
pour la France
(la France qui est une grande puissance)
et il se demande
assis par terre,
le SDF,
    sur qui
        et pour qui
elle exerce sa puissance
la France ?

The Beggar and the Great Power

Near the metro, a homeless man
watches as they pass, those who are going to work
in offices and workshops
for France
(France which is a great power)
he wonders,
the homeless man
sitting on the ground
      on who
          and for who
she exerts her power,
France?

Le candidat idéal

Pour diriger l'etat
et présider aux destinées de la Nation
il nous faut, aujourd'hui, me dis-tu
un homme (ou une femme) vraiment compétent
dans le domaine économique.
Alors, choisis
        celui-ci
qui est assis au coin de la rue.
il devrait faire l'affaire :
il n'a pas la queue d'un,
la vie lui a réservé plus d'un tour de cochon ;
chômeur longue durée, salarié précaire,
expulsé, SDF, pauvre hère…
Pour lui, vivre ici, tous les jours
est un parcours du combattant
et relève de l'exploit.
Lui,
   au moins,
      connaît
   les lois véritables
      de la guerre économique.

The Ideal Candidate

To govern the State
and preside over the Nation's destiny
we need, today, you tell me
a man (or woman) of true competence
in the economic sphere.
So, choose
        this man
sitting at the corner of the road
he should do the business:
life has played more than one dirty trick on him
long-term unemployed, poorly paid,
evicted, homeless, poor devil.
For him, living here, every day
is a soldier's assault course
and a challenging achievement
He,
   at least,
      knows
   the real laws
     of the economic war.

Le goéland

Henri est SDF.
D'origine, il est Normand
mais depuis plus de vingt ans
il vit à Paris.
Dans la journée,
il est très occupé.
Si on lui demande ce qu'il fait
il répond
qu'il fait le goéland.
Le goéland,
ça consiste à tourner dans les quartiers
pour glaner à la fin des marchés,
ramasser les légumes, les fruits
abandonnés par terre
au milieu des papiers d'emballage
et des cagettes vides
avant que les services de la voierie
n'aient fait place nette.
Tu n'es jamais seul
pour faire le goéland…
Il y en a toujours quelques autres comme toi :
des vieilles avec leur cabas,
des femmes étrangères
un enfant sur le dos.
Il y a même
la concurrence des chiens
et des oiseaux,
les pigeons
et les goélands,
les vrais,
qui ont remonté la Seine
et envahi Paris.

The Seagull

Henri is homeless.
He comes from Normandy
but for twenty years
he has lived in Paris.
During the day
he's very busy.
If people ask him what he's doing
he replies
he's doing the seagull.
The seagull,
that means strolling the districts
to glean when the markets are done
picking up vegetables, fruit
left on the ground
in the middle of wrapping papers
and empty boxes
before the street cleaners
have made the place neat.
You're never alone
when you do the seagull…
There are always a few others like you:
old women with their shopping baskets,
foreign women
with a child on their backs.
There is even
competition from dogs
and birds,
pigeons
and seagulls,
real ones
which have followed the Seine
and invaded Paris.

(C'est pas sympa,
de la part des goélands,
parce que toi,
tu te pointes pas chez eux
leur piquer leur repas)…

En vérité,
goéland,
dans Paris,
c'est un métier
où tu ne vois pas souvent la mer.

(It's not nice
of the seagulls
because you,
you don't pop up where they live
to pinch their meals)…

In truth
being a seagull,
in Paris,
it's a job
where you don't often see the sea.

Willy I

Allongé sur le lit de la chambre d'hôpital
tu respires faiblement –
un petit tuyau de plastique transparent
et vert dans le nez –
Tu es comme un poisson le ventre en l'air
sur le sable blanc des draps,
un poisson
aux branchies débranchées
qui apprend à marcher.
Tu reprends un peu de poids
et de goût à la vie
laissant derrière toi
la cage glacée
de l'escalier où tu as passé
beaucoup trop de nuits.
Tu regardes les arbres par la fenêtre
et les visiteurs qui se rendent à l'hôpital
courbés en deux et gris
et tu te dis
que les hommes aussi
changent avec l'automne
et cette remarque
au lieu de t'attrister t'étonne et te réjouit
car tu viens de découvrir
une loi générale de la physique poétique.
(Sur l'autoroute du nord
hier aussi, j'ai vu des arbres orange,
à demi-nus,
dressés contre le ciel bleu et froid.
Leur ramure m'a fait penser aux vaisseaux sanguins
qui irriguent les poumons
sur les planches d'anatomie
et je me suis dit
que les arbres et nous

Willy 1

Stretched out on a bed in a hospital room
you breathe feebly –
a small, transparent, plastic green tube
in your nose –
you are like a fish its belly in the air
on the sheets' white sand,
a fish with disconnected gills
who is learning to walk.
You're regaining a bit of weight
and a taste for life
leaving behind you
the frozen cage
of the staircase where you spent
far too many nights.
You look at the trees
and the arriving visitors
bent double and grey
through the window
and you say to yourself
that men too
change with the autumn
and this remark
rather than making you sad astonishes and cheers you up
because you have just discovered
a general law of the poetry of the physical.
(On the motorway north
also yesterday I saw orange trees,
half bare
standing out against the cold, blue sky,
their branches made me think of the blood vessels
which feed the lungs
laid out on anatomy boards
and I said to myself
that trees and us

nous faisions partie du même univers.
Les hommes et les arbres
sont de la même famille
ils ont besoin de racines
pour grandir
et se tenir debout).
Allongé sur le lit de la chambre d'hôpital
avec ton petit tuyau de plastique
qui te sort du nez
tu te shootes à l'oxygène,
tu te nettoies les cavernes intérieures du corps
où se sont accrochés les lichens
et les algues noires de l'hiver.
(Nos poumons
sont des arbres de corail
fragiles et cassants
dont il faut prendre soin).
Sous l'effet de l'oxygène
tu sens que s'écartent les parois du crâne
et que la cage étroite de la vie s'entrouvre.
Tu avales toute une montagne
avec ses cascades, ses édelweiss, ses jours de neige.
L'air pur
te rend légèrement gai
(l'oxygène est euphorisant).
Mais tu ne marches pas au milieu des nuages,
à la crête de la montagne.
Ton chemin
tu le traceras peut-être
de tes pas dans la ville
parmi les autres.
– La chance est une invention des hommes
       elle dépend de toi.
(Chacun porte en lui des gouffres
et des sommets possibles).
Ne te laisse pas glisser…

are part of the same universe.
Men and trees
are of the same family
they need roots
to grow
and stand upright.)
Stretched out on a bed in a hospital room
with your little plastic tube
coming from your nose
you shoot oxygen
you clean the inner spaces of your body
where the lichen and the algae of winter
are attached.
(Our lungs
are trees of coral
fragile and brittle
which we must take care of.)
Under the effect of oxygen
you feel the casing of your skull expand
and the tight cage of your life open.
You swallow an entire mountain
with its waterfalls, its eidelweiss, its snowy days.
The pure air
makes you gay and light
(oxygen is happiness-making).
But you don't walk in the middle of clouds
on the tops of mountains.
Your path
you will trace it maybe
with your steps in town
among others.
– Luck is a human invention
      it depends on you.
(Everyone carries within him
possible chasms and summits.)
Don't let yourself slip.

Le grand air
c'est en toi
que tu le trouveras.
Vivre
c'est se battre
pour la vie.

You will find
the open air
within yourself.
To live
is to fight
for life.

Willy II

Nous t'avons recueilli chez nous,
chien sans collier.
Tu nous as trahis et trompés
comme
ne le ferait pas même un chien.

Tu passes ton temps à t'enfuir
comme un chien perdu que tu es.
En fait tu n'es pas libre.
Autour du cou toujours
tu portes
un invisible collier.

Willy 2

We brought you home
collarless dog.
You betrayed us and tricked us
as
not even a dog would.

You spend your time running away
like the lost dog you are.
In truth you aren't free.
Around your neck always
you wear
an invisible collar.

Une couronne pour Ginka

C'est là que se tenait Ginka
avec les autres, sur le terre-plein
battu par le vent de novembre,
là où la rue pavée du Débarcadère
qui longe la voie ferrée et passe sous le périphérique
débouche sur les extérieurs
et devient la rue
de la Clôture.
C'est là
sur le petit terre-plein
qu'elle se tenait
avec trois ou quatre filles,
jeunes comme des lycéennes,
tous les jours là,
brûlant de la beauté de la jeunesse
mini-jupe, insulte à l'hiver
flammes fragiles
à tous les vents
offertes.
Ginka,
flamboyante chanterelle,
rousse,
venant de l'est,
rêvait de liberté
et de se faire
un paquet de fric
pour flamber à Paris.
Mais de Paris, elle n'a connu
que ce bout de trottoir
battu par le vent
où le jour et la nuit
debout des heures
sans boire et sans manger

A Crown for Ginka

It was there Ginka was standing
with the others, in the lay-by
battered by the November wind
there where the cobbled street of Débarcadère
which runs by the rail line and under the *périphérique*
opens onto the city's limits
and becomes
the street of la Clôture.
It's there
in the little lay-by
she stood
with three or four other girls
young as high school pupils,
there every day
burning with beauty and youth
a mini-skirt insulting the winter
fragile flames
offered
to every wind.
Ginka,
flamboyant chanterelle,
red-headed
coming from the East
dreaming of freedom
and of making
a shed-load of money
to burn in Paris.
But all she's known of Paris
is this bit of pavement
battered by the wind
where day and night
standing for hours
without eating or drinking

devant faire ses besoins accroupie sur le sol comme une bête
elle a découvert
la dure loi de l'offre et la demande,
les travaux forcés du libre marché.
Un employé de la déchetterie voisine l'a retrouvée
au milieu des immondices et des préservatifs
entre des bouteilles vides et un pare-choc brisé,
dans les broussailles,
derrière le grillage à moitié défoncé
au-dessus de la voie ferrée
tuée de vingt coups de couteau
puis abandonnée sur un vieux matelas.
(Le monde
n'a plus de frontières.
C'est une décharge sans rivage
où dansent des flammèches
et fleurit l'aster.)
Sur le grillage,
pendant quelques jours
est restée accrochée une gerbe,
couronne pour Ginka
qui se voyait top-model
ou bien reine de beauté,
Ginka qui ne fut pas même
reine
de sa propre vie.

having to crouch on the ground like an animal
she discovered
the hard law of supply and demand
the forced work of the free market.
A worker from the neighbouring dump found her
in the middle of refuse and contraceptives
between empty bottles and a broken bumper
in the bushes
behind the half-caved in radiator grill
above the rail line
killed by twenty stabs
then abandoned on an old mattress.
(The world
no longer has borders.
It's an outlet without limits
where sparks dance
and the aster flowers.)
On the grill
for several days
has remained a sheaf of flowers,
a crown for Ginka
who saw herself as a top model
or beauty queen,
Ginka who was not even
queen
of her own life.

Jogging

Un homme court
sur le quai le long du canal
Deux hommes courent
sur le quai le long du canal
Une femme court
sur le quai le long du canal
Un autre homme en sens inverse
passe sur son vélo
sur le quai le long du canal
Ils ne courent pas pour aller quelque part
Ils ne roulent pas pour aller plus vite
Ils courent pour courir
Ils roulent pour rouler
pour que tourne toujours la machinerie du corps
Ils ne courent pas pour faire marcher la mécanique
des corps célestes et terrestres
Ils ne courent pas pour que la Terre tourne plus
vite sur elle-même
Ils courent pour ralentir le temps
pour rester jeune, pour faire du sur-place
comme l'eau du canal
qui sans cesse lentement s'écoule
et qui ne bouge pas.
Mais celui qui court
et celui qui reste assis
sur le quai le long du canal
sont emportés par le mouvement des aiguilles
    de la montre terrestre
qui sans arrêt tourne sur elle-même.

Jogging

A man is running
along the quay by the canal
Two men are running
along the quay by the canal
A woman is running
along the quay by the canal
Another man going the other way
passes on his bike
Along the quay by the canal
They aren't running to go somewhere
They aren't moving to go faster
They are running for running
They move for moving
so that the machinery of the body keeps going
They don't run to make the stars
move in the heavens
They don't run so the earth turns
faster on its axis
They run to slow time
to stay young, to be there
like the water in the canal
which flows ceaselessly
and doesn't move
But the one who is running
and the one who remains seated
along the quay by the canal
are carried along by the movement of the hands
    of the earthly clock
which turns on itself endlessly.

Chose vue I

Porte de la Villette
à huit heures du matin
un homme à genoux
les bras en croix
en plein carrefour.
Sa vie devant lui
comme une valise renversée.
Mais personne ne s'arrête
et il n'y aura pas
ce matin-là
une seule voiture
pour lui donner
le coup de grâce.

Things Seen (1)

Porte de la Villette
eight o'clock in the morning
a man on his knees
his arms outstretched
in the middle of the crossroads.
His life in front of him
like an overturned suitcase.
But no one stops
and there will not be
that morning
a single car
to deliver him
the *coup de grâce*.

Être ou ne pas être une mouette

Vendredi
Jour de marché sur le boulevard Richard-Lenoir
aux abords de la Bastille
nous voici coincés dans un embouteillage
derrière une benne à ordure
avec les éboueurs qui ramassent les cageots
et balaient le trottoir à la fin du marché.
Dans ce genre de situations
il nous faudrait des ailes
pour nous en tirer.
C'est ce que je dis à Jack et à Aggie
que je conduis à la gare
(leur train doit partir dans quelques minutes)
Mais sur cette terre, même les poètes
n'ont pas droit à la panoplie complète,
celle avec les ailes.
Être ou se vouloir poète
cela permet tout juste, l'espace d'un instant
de se mettre à la place des mouettes
qui tournoient au-dessus du marché en ricanant.
Et – mince consolation – de se payer la tête
de nous autres, les humains,
bloqués au sol
dans nos automobiles
Immobiles.

To Be or Not to Be a Seagull

Friday
Market day on the boulevard Richard-Lenoir
by the Bastille
here we are trapped in a traffic jam
behind a refuse-lorry
with the dustmen who gather the boxes
and sweep the pavement at the end of trading.
In this kind of situation
we need wings
to get out of it.
That's what I say to Jack and Aggie
who I'm driving to the station
(their train will leave in a few minutes)
But on this earth, even poets
have no right to a complete outfit
with wings.
To be or wait to be a poet
permits you simply a moment
to put yourself in the place of the seagulls
which circle above the market sneering
and – petty consolation – making fun
of we humans
hidden from the sun
in our cars
Motionless.

Une cigogne à Paris

une cigogne – hôte inattendu –
passe d'un vol lourd
au-dessus des boulevards extérieurs
en diagonale
vers le Musée des Sciences de la Villette.

Au volant de ma voiture
je la regarde passer
(dans son autre dimension).

elle ne délivre aucun message
(ne porte, dans son bec aucun enfant).
Mais son apparition suffit à distraire
cette journée
    de la banalité.

La poésie est faite aussi de ces surprises

(contingences
    qui peuvent à nos yeux
        prendre un sens).

A Stork in Paris

A stork – unexpected visitor –
passes in strong flight
above the peripheral boulevards
diagonally
towards the Science Museum of la Villette.

At the wheel of my car
I watch it pass
(in its other dimension).

She delivers no message
(carries no child in its beak).
But its appearance is enough to turn
this day away
       from banality.

Poetry is also made of these surprises

(contingencies
    which to our eyes can
        take on meaning).

Au soleil des trottoirs

Trois enfants noirs
jouent sur le trottoir
près de la blanchisserie
industrielle

(Pendant que leur mère
prend de l'eau
à la bouche d'incendie)

Petits soleils qui roulent
dans le caniveau
trois enfants noirs
jouent au ballon sur le trottoir

(Le ciel est en coton ;
plutôt mal réveillé)

Autour des grands moulins
la vapeur se répand
au-dessus de Pantin
comme un lait
dans l'air froid
du petit matin

Trois enfants noirs
jouent sur le trottoir
et mettent le feu
au jour cotonneux

Là-haut le soleil
est un pamplemousse
qui roule dans le ciel

In the Sunshine of the Pavements

Three black children
are playing on the pavement
near the industrial
laundry

(While their mother
gets water
from the water hydrant)

Little suns which roll
in the gutter
three black children
are playing on the pavement

(The sky is cotton;
somewhat half asleep)

Around the big windmills
the steam spreads
above Pantin
like milk
in the cold air
of the early morning

Three black children
are playing on the pavement
and set fire
to the cotton-like day

Above, the sun
is a grapefruit
moving across the sky

Tu voudrais
armé d'une paille télescopique
te hisser sur la pointe des pieds
et la planter joyeusement
dans le ventre du fruit d'or
pour y boire
à longs traits
la vie.

Car ce soleil-pamplemousse
est aussi le tien.

Alors
sors de tes poches
d'autres petits soleils
et jette-les dans la rue
pour éclairer le monde.

You would like
provided with a telescopic straw
to stand on tiptoe
and put it joyously
in the centre of the golden fruit
to drink
life
in long draughts

Because the sun-grapefruit
is also yours

So
take from your pockets
other little suns
and throw them into the street
to light up the world.

Soliloque

Rue de Flandre
un vieil Algérien est assis sur un banc.
Il parle tout seul
et fait de grands gestes,
l'air en colère,
convaincu et décidé.
Est-il fou ?
Peut-être pas…
Peut-être qu'il répète
un grand discours
dans lequel il jettera
ses quatre vérités
au visage du monde
le jour où il le rencontrera
et où ils se retrouveront,
tous deux,
face-à-face.
Mais pour l'instant, le monde
préfère l'éviter.
Il ne tient pas à le rencontrer
et lui tourne le dos.
Mais sûr,
il ne perd rien
pour attendre.

Soliloquy

Rue de Flandre
an old Algerian is sitting on a bench.
He is talking to himself
and making expansive gestures,
looking angry,
convinced and determined.
Is he mad?
Perhaps not…
Perhaps he's rehearsing
a great speech
in which he will throw
his essential truths
in the face of the world
the day he meets it,
when they will find themselves
both
face to face.
But for the moment, the world
prefers to avoid him.
It doesn't want to meet him
and turns its back on him.
But then,
he is used
to waiting.

Le jeune et le chien

Il marche dans la rue
et transpire
son crâne rasé est couvert de sueur
car il porte dans les bras son chien
qui s'est fait mal à la patte.
Pas question
de le laisser traîner par terre.
(Son chien,
il ne le traite pas comme un chien.
Il s'est même fait tatouer
sur sa poitrine son portrait).
Il marche dans la rue
et porte dans les bras son chien
mais peut-être
que c'est son chien
qui le supporte
et le soutient.

The Young Man and the Dog

He walks on the street
and sweats
his shaved head is covered in sweat
because he is carrying in his arms his dog
which has hurt its paw.
No question
of letting it drag along.
(His dog
he doesn't treat like a dog.
He has even had its portrait
tattooed on his chest.)
He walks on the street
and in his arms carries his dog
but perhaps
it's his dog
which puts up with
and supports him.

L'âge de la cueillette

Et pendant ce temps
dans les savanes de nos villes civilisées
des hommes et des femmes
en sont réduits à marcher pendant des heures
    dans les rues
la main tendue
en quête de nourriture.
Vivant au jour le jour
sans pouvoir faire de stocks
ils sont ramenés
à l'âge de la cueillette…
(Mais même les arbres
font mine de ne pas les voir.)

The Age of Gathering

And during this time
in the savannah of our civilised towns
men and women
are reduced to walking for hours
    in the streets
their hands outstretched
in search of food.
Living from day to day
without ever being able to accumulate
they are returned
to the age of gathering…
(But even the trees
appear not to see them.)

Joyeux Noël

À quelques jours de Noël
j'ai vu un homme assis sur le trottoir
du côté d'Arts et Métiers
emmitouflé dans la feuille métallisée
d'une couverture de survie
offerte, sans doute,
par un service social,
ou une ONG humanitaire.
Sa tête, ronde et noire
aux grands yeux hagards
seule dépassait de l'emballage doré.
Il ressemblait à un cadeau,
un pauvre,
que la ville se serait offerte.

(Noël n'oublie personne).

Merry Christmas

A few days before Christmas
I saw a man sitting on the pavement
in the Arts et Metiers
wrapped in the metallised leaf
of a survival sheet
provided, no doubt,
by social services
or a humanitarian NGO.
His head alone round and black
with great, haggard eyes
stuck out of the golden package.
He looked like a present,
one of the poor,
the city had given itself.

(Christmas forgets no one).

Intimité

Boulevard de Friedland,
à quelques pas de l'Arc de Triomphe,
neuf heures trente, un lundi matin.
(Quelle est la victoire que l'on célèbre ici ?)
alors que le flot des voitures s'écoule lentement
(ce qui laisse à chacun le temps de regarder)
une femme, debout à côté de sa tente igloo
sur le trottoir,
sa petite culotte sur les chevilles,
tournant le dos à la circulation
fait, avec un bout de chiffon,
sa toilette
intime.

Intimacy

Boulevard de Friedland,
a few feet from the Arc de Triomphe,
half past nine on a Monday morning.
(What is the victory being celebrated here?)
while the flow of cars passes slowly
(which gives everyone the time to look)
a woman, standing next to her igloo tent
on the pavement,
her little knickers around her ankles,
her back turned to the traffic
carries out with a bit of rag
her intimate
washing.

Chose vue II

Près du feu rouge
au rond-point de la Porte de la Villette
j'ai vu un jeune Rom
qui proposait ses services aux automobilistes
pour nettoyer leur pare-brise.
Une voiture pie de la police s'est arrêtée un peu plus loin
deux agents en uniforme en sont descendus ;
ils ont apostrophé le garçon,
ont renversé dans le caniveau la bouteille d'eau
savonneuse qu'il tenait à la main
lui ont pris sa raclette, l'ont jetée par terre
et l'ont cassée à coups de talons
puis ils ont dit au type de déguerpir.
Et le jeune Rom est parti
sans demander son reste,
rigolard et goguenard,
pour ne pas perdre la face.

En quoi les dérangeait-il ?
(Les plus pauvres dérangent toujours.)
Bien, me direz-vous, c'est dégueulasse
mais ça ne fait pas un poème…

Non. en effet…

Things Seen (2)

Near the traffic lights
at the Porte de la Villette roundabout
I saw a young gypsy
offering his windscreen cleaning services
to motorists.
A police patrol car stopped a bit further away
two officers in uniform got out;
they spoke sharply to the lad,
knocked the bottle of soapy water he held in his hand
into the gutter
took his squeegee, threw it on the ground
and broke it with their heels
then they told him to skedaddle.
And the young gypsy left
without asking for his stuff
laughing and mocking
so as not to lose face.

How was he bothering them?
(The poorest always cause bother.)
Fine, you'll say, it may be out of order
but it doesn't make a poem…

No, indeed…

Une aventure au Palais-Royal

Cela s'est produit dans Paris
(à l'époque de la grande crise du système financier
alors que j'avais moi-même
pas mal de problèmes
avec mes créanciers…)
Sortant d'un rendez-vous chez l'avocat
je m'étais adossé aux grilles de la station Palais-Royal
pour écouter mes messages.
J'étais donc en train de téléphoner
quand une jeune fée au visage rond comme la lune
(genre touriste italienne ou gitane blonde,
apparemment, fauchée comme les blés)
me tira par la manche.
Elle venait de ramasser à mes pieds
une alliance qui semblait en or
perdue peut-être par un mari pressé
d'en retrouver une autre
ou jetée là,
de dépit ou de soulagement,
par un homme juste divorcé…
Croyant sans doute que cette bague m'appartenait
elle me la posa dans le creux de la main ;
puis, avec un sourire, me demanda de quoi
se payer un Coca (et même deux)
car la fée était intéressée.
Sans lâcher mon téléphone,
un peu éberlué, je m'exécutai.
Alors, elle me posa sur la joue
un baiser
et prit congé…

An Adventure at the Palais Royal

It happened in Paris
(at the time of the great financial Crisis
when I too
had many problems
with my creditors…)
Coming out of an appointment with the solicitor
I leant against the railings of the Palais Royal Station
to listen to my messages
so I was telephoning
when a young fairy with a face as round as the moon
(of the type of an Italian tourist or blond gypsy,
obviously stony-broke)
took me by the sleeve.
She'd just picked up at my feet
a wedding ring which seemed of gold
lost perhaps by a husband hurrying
to find another
or thrown there
out of spite or relief
by a recently divorced man…
Believing no doubt the ring belonged to me
she put it in the cup of my hand;
then, with a smile, asked me for enough
to buy a Coke (and maybe two)
because the fairy was selfish.
Without letting go of my phone,
a bit flabbergasted, I paid up.
Then, she planted a kiss on
my cheek
and took off…

J'aurais peut-être dû la retenir,
lui parler, et lui rendre sa bague
mais l'apparition s'était envolée
pour aller se faire voir ailleurs
(car de ses apparitions,
    je crois bien qu'elle faisait métier)…
Si je veux la retrouver
me faudra-t-il retourner au Palais-Royal ?
M'asseoir sur les marches, dehors,
et attendre, patient comme un pêcheur,
    au milieu de la ville,
avec, au bout d'un fil,
un anneau d'or ?

Perhaps I should have held her back,
talked to her, and given her the ring back
but the apparition had disappeared
into thin air
(because I think
    she made a job of these appearances)…
If I want to find her again
will I have to go back to the Palais Royal?
To sit on the steps, outside,
and wait, patient as a fisherman,
    in the middle of the town,
with, on the end of my line
a gold ring?

L'ami invisible

Même feu rouge
Un autre jeune qui mendie.
Entre deux passages de voiture
il jette en l'air
un objet virtuel
puis le rattrape et le relance
il s'esclaffe
il recule, avance de quelques pas
il fait celui qui a peur
qui esquive
qui joue
agace
houspille
récompense
caresse
un chien
invisible.

(Son seul compagnon).

The Invisible Friend

The same traffic lights
another young beggar.
Between the passing of two cars
he throws in the air
a virtual object
then catches it and re-throws it
he bursts into laugher
he retreats, goes forward a few steps
pretends to be afraid of
to dodge
to play with
to annoy
to jostle
to reward
to caress
an invisible
dog.

(His only companion).

Le pêcheur de sourires

Sous le métro aérien, station Jaurès,
l'homme (la trentaine),
est assis sur un fauteuil tournant, de bureau,
à la hauteur du feu rouge
et il tient à la main
une canne à pêche
avec
au bout
du fil
un gobelet
de plastique
transparent.

Quand une voiture s'arrête,
il tend sa ligne
avec un grand sourire
espiègle et franc
de Titi.

Un automobiliste demande : « ça mord ? »
et dépose une petite pièce ;
l'homme salue de la main et continue
tranquillement à pêcher.
Calme et détaché,
assis dans l'ombre
sous la ramure de métal
du métro aérien.
Les pieds
dans une clairière de soleil,
les yeux plongés dans la contemplation
de l'onde bleue noire
de l'asphalte,
il regarde le flot continu
des voitures.

The Fisherman of Smiles

Beneath the overhead metro at Jaurès station
the man (about thirty)
is sitting on a swivel chair, office type,
by the traffic lights
and holds in his hand
a fishing rod
with
on the end
of the line
a plastic
transparent
goblet.

When a car stops,
he holds his line
with a great smile
mischievous and open
like Titi's.

A driver asks: 'Are they biting?'
and puts down a little coin:
the man waves and peacefully
goes on fishing.
Calm and detached
sitting in the shade
beneath the metal rail
of the overhead metro.
His feet
in a patch of sunshine,
his eyes sink in contemplation
of the blue-black wave
of the asphalt
he watches the continual flow
of cars.

Il ne vend pas de la pitié
au détail ou en tranche.
Il offre
au citadin coincé dans les embouteillages
un petit air de dimanche
à la campagne.
C'est un peu de bonheur
que distribue
le malheureux,
content de lui…

Poète en acte,
il doit être un adepte
de la propagande par le geste.
Ver de terre
il ne mord pas
à l'hameçon.
C'est lui qui amorce.

Petit poisson rejeté, la bouche ouverte,
sur le sol dur de la terre ferme,
il pêche
les pièces de monnaie,
les regards,
les sourires.

Et, sa casquette sur la tête,
il rigole dans sa barbe
(qu'il n'a pas).

He doesn't sell pity
either retail or in slices.
He offers
to citizens stuck in traffic jams
a little taste of Sunday
in the countryside.
It's a little happiness
spread by
the unfortunate man
happy with himself....

A poet of the act
he has to be an expert
in propaganda of the deed.
Earthworm
he doesn't bite
the hook.
He's the one who initiates.

Little thrown-back fish, open-mouthed,
on the hard ground of the solid earth,
he fishes
for coins
looks
smiles.

And, his cap on his head,
he laughs in the beard
(he doesn't have).

**POÉSIE RAYON
PRODUITS FRAIS**

POETRY FROM THE FRESH FOOD COUNTER

Le Baladin de la zone commerciale

Maintenant je dois chanter le sujet difficile
  Maintenant j'aborde un thème ingrat et indocile
    En vérité j'y pense depuis des mois et des mois
      Et toujours le repousse à la prochaine fois.

D'autres avant moi ont chanté et d'autres chanteront
  Les beautés de Dame nature, la surprise toujours renouvelée
    D'un arc-en-ciel, la reverdie des amours au printemps
      Ou le sanglant désastre d'un coucher de soleil.

D'autres encore ont su dire les beautés de la ville
  La nostalgie des gares, la force élancée des TGV
    La musique troublante du cosmos
      Ou l'insondable mystère des trous noirs de l'ego.

Mais qui chantera les charmes des zones commerciales ?
  Qui vantera cette beauté nouvelle jamais chantée dans les poèmes ?
    Qui fera l'éloge des hautes réalisations esthétiques du capital ?
      C'est à moi qu'il revient d'aborder aujourd'hui ce thème.

D'aucuns diront peut-être que je suis de tous le plus mal préparé
  À leurs yeux, mon encombrant passé de militant égaré
    Me prédispose mal à la fonction de poète commercial…
      C'est que la tâche est élevée et la place enviée.

(En ces temps de CDD et de précarité généralisée
  où les poètes ne sont pas payés mais doivent le plus souvent payer
    Devenir le chantre attitré des vendeurs de tout poil
      Est un créneau porteur qu'il convient d'exploiter.)

Assez bavardé, mettons-nous à la tâche sans tarder !
  Nous avons du pain sur la planche !
    Ce n'est pas le moment que l'inspiration flanche…
      Pour remplir le contrat, disons la vérité sans farder.

The Troubadour of the Shops

Now I have to sing of the difficult subject
  Now I have to approach an ungrateful and intractable theme
    In truth I've been thinking about it for months
      And always putting it back to another time.

Others before me have sung and others will sing
  The beauty of Mother Nature, the ever renewed surprise
    Of a rainbow, the renewal of love in the spring
      Or the bloody disaster of a sunset.

Others still have known how to speak of the beauties of the town
  The nostalgia for stations, the streamlined power of the TGV
    The troubling music of the cosmos
      Or the insolvable mystery of the black holes of the ego

But who will sing of the charms of shopping areas
  Who will praise this new beauty never sung in poems?
    Who will eulogize the high aesthetic achievements of capital?
      It falls to me today to approach this theme.

Perhaps anyone will say that of all people I'm the worst prepared
  In their eyes, my baggage of an out-of-the-way militant
    Sets me up badly for the role of commercial poet…
      Because the task is demanding and the position sought after

(In this era of the fixed term contract and of widespread uncertainty
  When poets aren't paid but must often pay
    To become the sought after cantor of sales people of all kinds
      Is a key battlement worth exploiting)

Enough chatter, let's get on with the task without delay!
  We've work to do!
    Now's not the time for inspiration to flag…
      To fulfil the contract, let's tell the unvarnished truth.

Des métropoles de l'Amérique du Nord
  À la banlieue de Lens ou à Bourges, en cœur de France
    Il n'est plus une ville désormais
      Qui soit privée de sa Zone d'Activité.

Approchez en voiture n'importe quelle cité
  Vous serez accueilli dès l'entrée
    Par de grandes enseignes publicitaires
      Des marques qui dominent la Terre.

(Autrefois, avant même le panneau de signalisation,
  On voyait affichés les horaires de la messe
    Mais comme nous avons changé de civilisation
      La kermesse des enseignes a remplacé la messe !)

En premier, voici MacDonald's – toujours là – pour saluer
  Vos enfants, et les prenant par la main, les entraîner
    Vers le royaume enchanté
      Où coule à flots le Coca Cola.

Puis, pêle-mêle, les oriflammes et les panneaux
  De Saint Maclou et Saint Frusquin… Gifi, Renault,
    Leroy, Merlin, Bricorama, Total, Esso,
      Kiabi, Jardiland, Lapeyre, Babou, Gemo…

Conforama, le pays où la vie est moins chère,
  Castorama, tout l'univers du bricolage,
    Degriff'mode, la planète des marques, Agricher
      Le jardinage à tous les âges…

Euromaster, Atlas, Hercule
  Tout pour l'entretien de votre véhicule
    L'Olympe à portée de votre main
      Les demi-dieux sont en chemin…

From American metropolises
  To the suburbs of Lens or Bourges, at the heart of France
    There is no longer a town
      Deprived of its Enterprise Zone.

Approach any town by car
  You will be welcome as soon as you arrive
    By great publicity hoardings
      For the brands which dominate the Earth

(In the past, even before the road sign,
  You would see the time of Mass
    But as we've changed our civilization
      The festival of adverts has replaced Mass!)

First, here's MacDonald's – always present – to say hello
  To your children, and taking them by the hand, to lead them
    To the enchanted realm
      Where rivers of Coca-Cola flow

Then, pell-mell, the banners and hoarding
  For Saint-Maclou, and Saint Frusquin… Gifi, Renault,
    Leroy Merlin, Bricorama, Total, Esso,
      Kiabi, Jardiland, Lapeyre, Babou, Gemo…

Conforama, the country where life is cheaper,
  Castorama, the entire universe of DIY,
    Degriff'mode, the planet of brands, Agricher
      Gardening for all ages…

Euromaster, Atlas, Hercule
  Everything for them maintenance of your vehicle
    Olympus at arm's reach
      The demi-gods are on the move…

Casino, Leclerc, Champion
　Vente, entretien, réparation
　　Allez ! mesdames… soyez folles de
　　Bonheur, c'est la fête des soldes !

La Halle aux vêtements, tout pour le revêtement
　La Halle aux chaussures, Azur, c'est plus sûr…
　　Comme par inadvertance la rime et l'assonance
　　Introduisent un ordre où règne le désordre.

Et je me fais le héraut de ces nouveaux héros
　Le chantre de toutes les marques symboles de qualité
　　Dont il me faut en vers ériger le drapeau
　　Car les Français dit-on ne sauraient s'en passer.

C'est à qui affichera son nom le plus haut
　C'est à qui aura le plus beau le plus gros des logos !
　　Toujours plus grand, toujours plus hard, toujours plus fort,
　　La grande distribution : voilà le sport des sports !

De chaque côté de la rue les grands panneaux publicitaires
　Avec leurs épaules carrées s'alignent en rangs serrés
　　Pareils à des soldats parés pour le combat
　　Les voici prêts à s'élancer à la conquête de la Terre.

Dans le soir qui rougeoie brillent leurs écussons
　Ils portent sur le ventre les armes de leurs maîtres
　　Colorés et criards, face au ciel ils brandissent leurs blasons
　　Comme un gant jeté au monde qu'ils vont soumettre.

La voici la nouvelle épopée du temps de paix
　La mitrailleuse de la caisse enregistreuse
　　Pour laquelle on peut toujours par la plume et par l'épée
　　Si nécessaire se lancer dans de nouvelles guerres.

Casino, Leclerc, Champion
 Sales, repairs, service
  Go on! ladies… go mad with
   Happiness, it's the sales party-time!

La Halle clothes department, everything for renovation
 La Halle shoe department! Azur, it's more sure
  As if by negligence rhyme and assonance
   Introduce order where disorder reigns

And I make myself the champion of these new champs
 The cantor of all the brands that stand for quality
  Whose flag I must raise in verse
   Because it's said the French can't do without them.

It's a question of whose name is displayed highest
 A matter of who will have the most beautiful the biggest logo!
  Always bigger, always more daring, always stranger,
   Big distribution: that's the sport of sports!

At each side of the road the great publicity hoardings
 With their square shoulders lined up in ranks
  Like soldiers prepared for battle
   Ready to launch themselves into the conquest of the Earth.

In the reddening evening their escutcheons shine
 They carry at their waists their masters' weapons
  Coloured and loud, facing the sky they brandish their coats of arms
   Like a glove cast at the world they are going to subdue

Here it is the new epic of the time of peace
 The machine gun of the cash till
  For which we can always if necessary by the pen and the sword
   Launch into new wars.

Quelle énergie ! quelle force ! quelle vitalité farouche !
 J'en connais bien sûr qui font la fine bouche…
   Esthètes attardés pour qui rien n'est plus laid
    Que le fatras énorme des zones d'activité…

Et pourtant, cela grossit et prolifère
 Comme la vie, comme un cancer
   Ce beau désordre carnivore
    Dévore tout, changeant tout ce qu'il touche en or.

À voir les abords de nos cités
 On dirait la chambre mal rangée d'un enfant turbulent
   Qui a répandu à terre ses jouets
    Ses jeux de construction, ses petites voitures, ses uhlans…

Comment ne pas s'attendrir devant ce garnement ?
 Le passé, l'avenir, il s'en moque ; seul compte le présent.
   Il joue, il n'apprend rien, il n'est ni obéissant ni sage
    Et il renverse tout sur son passage.

Chaque ordre social a eu son art monumental :
 L'Egypte antique ses pyramides, l'époque féodale
   Ses châteaux forts, ses cathédrales
    Et même l'industrie, ses usines, ses halles…

Aujourd'hui, les vraies églises du Capital
 Ce sont les préfabriqués des zones commerciales
   Cubes renversés pêle-mêle sur la terre
    Monuments – Ô bonheur – promis à l'éphémère…

Mais nous voici déjà entre chien et loup…
 La zone commerciale nous paraît tout à coup
   Bien basse sous le ciel… à ras de terre ;
    L'angoisse du vide nous étreint et nous fait taire.

What energy! What power! What wild vitality!
 I know some of course who purse their lips..
  Backward aesthetes for whom nothing is uglier
   Than the huge hotch-potch of the enterprise zones…

And yet they grow and proliferate
 Like life, like a cancer
  This beautiful carnivorous disorder
   Devours everything, changing all it touches to gold

To see the outskirts of our towns
 You would think they were the untidy bedroom of a disruptive child
  Who has spread all his toys
   Construction sets, little cars, uhlans on the floor

How can you not be touched before this scamp
 The past, the future, he doesn't care about; only the present matters.
  He plays, he learns nothing, he's neither obedient not good
   And he overturns everything in his way.

Every social order has had its artistic monuments:
 Ancient Egypt its pyramids, the feudal world
  Its castles, its cathedrals
   And even industry its factories, its markets…

Today, the true churches of capital
 Are the prefabs of the enterprise zones
  Cubes scattered pell-mell on the ground
   Monuments – O happiness – dedicated to the ephemeral…

But here was red at dusk..
 The commercial area appears all at once
  Good and low beneath the sky… down to earth;
   The anguish of the void seizes us and makes us quiet.

Longeant les bâtiments, sur la maigre pelouse,
 Et marchant seul, je m'aperçois qu'il se fait tard
  Les clients s'en vont… L'hymne que sur ma guitare
   Je compose, peu à peu se change en blues.

C'est le blues du baladin de la zone commerciale
 Qui pour ses vers louangeurs n'a pas trouvé preneur.
  C'est le blues du baladin de la zone commerciale
   Comptant ses pauvres pieds parmi les rares fleurs.

Sticking close to the buildings, on the sparse lawn,
  Walking done, I notice it's late
    The customers are leaving… The hymn I compose
    On my guitar, changes bit by bit to blues

It's the blues of the shopping area clown
  Who has found no taker for his poetry of praise.
    It's the blues of the shopping area troubadour
      Counting his poor feet among the rare flowers.

La femme de l'homo erectus

Souvent, ma chérie,
je te vois te battre avec les objets :
une prise électrique,
un compteur,
une machine à coudre,
un ordinateur,
un moteur de voiture,
un logiciel…
Tu les observes, tu les palpes,
tu les retournes, les démontes
tu les manipules, tu t'énerves un peu
et, finalement, tu en as raison.
Te regardant faire,
je pense à l'homo faber,
l'homo sapiens sapiens,
ou plutôt sa femme
qui, sans se laisser abattre,
(pendant que l'homme, fier de lui, rentrait de la chasse)
frottait dans sa caverne,
l'un contre l'autre deux morceaux de bois
jusqu'à ce que naisse l'étincelle.
Toi, tu es sa descendante…
C'est avec des êtres comme toi
que l'espèce progresse…
Quant à moi
qui ne suis qu'un homo erectus
pendant que je te regarde,
pour me consoler
de mon inutilité,
je bois une boisson fermentée,
et je t'admire.

Homo Erectus's Wife

Often, my dear,
I see you battling with things:
an electric plug,
a meter,
a sewing machine,
a computer,
a car engine,
software…
You look at them, you feel them
you turn them over, you take them apart
manipulate them, you get a bit annoyed
and, finally, you are right.
Watching what you do
I think of homo faber,
homo sapiens sapiens
or rather his wife
who, without letting herself be beaten,
(while the man, proud of himself, was coming back from the hunt)
rubbed two bits of wood together
in her cave
until the flame appeared.
Yes, you are her descendant..
It's through people like you
the species makes progress…
As for me
who am no more than homo erectus
as I watch you
to console myself
for my uselessness
I take a fermented drink
and admire you.

Larmes à vendre

Chaque jour,
on vend des larmes au coin des rues
(et c'est un commerce florissant)
à chaque coin de rue
dans nos villes on vend
des larmes à l'humeur vitreuse
larmes de cristal
larmes de crocodiles
larmes triées sur le volet
larmes télévisuelles
larmes humanitaires
larmes hygiéniques
larmes en fioles
tout à fait recommandées
pour vous purger
du malheur des autres.
À chacun sa larme
sa petite larme
ça n'engage à rien
ça ne coûte pas cher
et ça fait du bien.
Ça nettoie
les conduits encrassés du cœur.
À certains étals
vous pouvez en acquérir
montées en médaillons
Ambre salée
reflet de perle
avec dedans,
petite tache vermillon,
une goutte de sang.
C'est très chic
très élégant
on peut les porter sur soi en pendentif

Tears for Sale

Every day,
tears are sold on street corners
(and it's a flourishing trade)
on each street corner
in our towns people sell
glassy tears
crystal tears
crocodile tears
hand-picked tears
televisual tears
humanitarian tears
hygenic tears
flasks of tears
entirely recommended
to purge you
of others' pain.
To each his tear
his little tear
it implies no commitment
it doesn't cost much
and it does you good.
It cleanses
the heart's clogged-up conduits.
At some stalls
you can get them
mounted on medallions
salted amber
glint of pearl
and within
a little hint of vermillion,
a drop of blood.
It's very chic
very elegant
you can wear them round your neck

ou bien en broche sur sa robe de soie.
(C'est particulièrement seyant
si vous sortez
pour un dîner en ville).
Déjà, le zouave du pont de l'Alma
a de l'eau jusqu'à la taille.
et on ne sait pas où cela va s'arrêter…

Combien de peuples
qui n'ont plus que leurs yeux pour pleurer
risquent de périr noyés
dans la crue des bons sentiments ?

or as a brooch on a silken dress.
(It's particularly becoming
if you go out
to dine in town)
Already, the Alma bridge's Zouave
has water up to the waist.
and no one knows where it will end…

How many peoples
who have only their eyes for crying
risk perishing by drowning
in the hard water of fine sentiments?

Poème gratuit n°1

Un poisson pelucheux
passe par la fenêtre
en marche-arrière

cabinet du dentiste

(le feu a pris à la piscine
à Sidney – Australie)

L'oppossum monte par l'escalier de service

Et la pointe de tes seins forme une guirlande
    de fraises des bois

Deux boucs s'affrontent sur l'arête de l'immeuble
Dans un concert d'avertisseurs

Pendant que les événements continuent de se
        produire
De temps en temps
    pratiquer
        l'exercice de la gratuité.

Free Poem no. 1

A fluffy fish
passes by the window
walking backwards

dentist's surgery

(a swimming-pool has caught fire
in Sidney, Australia)

The opossum comes up the service stairs

And the point of your breasts forms a garland
    of wild strawberries

Two billy-goats square up on the building's summit
in a warning concert

While events continue to
      happen
from time to time
      to practice
        the use of gratuity.

Ex-voto pour une play mate

Près de la caisse, dans le présentoir
une belle fille pose à moitié nue
sur la couverture d'un magazine télé.
De ses lèvres entrouvertes elle susurre un baiser
à côté d'un gros titre en capitales :
« Moi, Pamela, Sex Bomb »
censé arrêter l'oeil de l'homme
qui pousse devant lui le caddie
et la main de la femme qui
(apparemment, sans même lui jeter un regard)
attrape le magazine
et le pose parmi ses courses
au milieu des paquets de lait, de lessive,
des pots de yaourt et des couche-culottes.
« Moi, Pamela, Sex Bomb ».
Dans quel endroit sommes-nous ?
Sur quelle planète ?
Cette jeune femme
avec qui on pourrait avoir envie de faire
tout autre chose que la guerre
est-elle une terroriste ?
Son sexe menace-t-il d'exploser ?
A-t-elle caché dans ses ovaires
une grenade dégoupillée ?
Des armes de destruction massive ?
Elle a pourtant l'air inoffensive.

Mais il ne faut pas s'y fier.
elle fait partie des troupes commando
de l'amour et de la beauté
enrôlées dans la guerre
commerciale qui se mène ici-bas.

Ex-Voto for a Playmate

Near the till in the display unit
a beautiful girl poses half-naked
on the cover of a television magazine.
from her half-open lips she whispers a kiss
next to the headline in capitals:
'Me, Pamela, Sex Bomb'
supposed to attract the eye of the man
pushing a trolley before him
and the hand of the woman who
(apparently without giving her a glance)
grabs the magazine
and puts it among her shopping in the middle of the cartons of
milk, soap powder,
pots of yogurt and nappy pants.
'Me, Pamela, Sex Bomb.'
Where are we?
On which planet?
This young woman
who you'd want to do anything except
make war with
is she a terrorist?
does her vagina threaten to explode?
does she had an unpinned grenade
hidden in her ovaries?
weapons of mass destruction?
All the same she looks inoffensive.

But don't count on it.
she's part of the commando brigade
of love and beauty
enlisted in the commercial war
going on here below.

C'est une mercenaire.
Pour de l'argent et un instant de gloire
elle a trahi

elle est passée de l'autre côté
et a – innocemment – accepté
de collaborer.

(Elle aussi sera vite éliminée.
Le front réclame tous les jours sa ration de chair
fraîche, jeunes femmes bonnes à consommer.
Et, d'elle, bientôt, personne
n'entendra plus parler.)

She's a mercenary
for money and a moment's glory
she has engaged in betrayal

she's gone over to the other side
and innocently accepted
collaboration.

(She too will soon be wiped out.
the front line demands every day its ration of flesh
fresh young women, good to consume
and soon, no one
will hear a word of her.)

Tract

distribué dans les allées du supermarché
et jeté par terre mais que le chef de la sécurité
a rapidement ramassé pour le porter à la direction

« Vous les tomates qui n'avez jamais vu la terre
Vous les poissons qui n'avez jamais vu la mer
Vous les salades qui poussez dans l'eau et la fibre de verre
Vous les saumons qui n'avez jamais remonté de rivière
Et n'avez pas connu la joie d'étinceler dans l'écume et la lumière
Vous les poulets élevés en batterie qui n'avez jamais connu l'air libre
Jamais vu le soleil, jamais couru dans l'herbe
Vous les bananes, vous les avocats, vous les melons
Prématurés arrachés à votre famille et mis à mûrir loin de chez vous
Dans des hangars sous des rayons
Vous les crevettes qui n'avez jamais fréquenté les grands fonds
Et ne connaissez que l'eau du robinet
Vous tous, produits conditionnés de la grande distribution,
Révoltez-vous !
Rompez les rangs !
Formez un syndicat et faites valoir vos revendications !
Refusez d'être enfermés, déportés, calibrés !
Refusez le dopage, refusez de vous faire piquer et regonfler
À coups d'hormones, d'OGM et d'anabolisants !
Dénoncez les cadences infernales !
Réclamez ce qui vous est dû, exigez d'avoir le temps
Et les moyens d'une vraie formation initiale !
À bas l'esclavage moderne ! Luttez pour votre dignité !
Pour des conditions de vie et de travail normales !
Faites la grève pour vous offrir des vacances à la mer
Un voyage auprès des vôtres en Espagne
Une randonnée sportive dans un torrent écossais
Un séjour, tous frais payés, dans une mer profonde
Au large d'une plage du Sénégal.

Tract

*handed out in the aisles of a supermarket and thrown
on the floor but quickly picked up by the head of security
and taken to the management*

'You the tomatoes that have never seen the earth
You the fish that have never seen the sea
You the lettuces which grow in water and fibreglass
You the salmon that have never swum up river
And have never known the joy of sparkling in spume and light
You battery-raised hens who have never known the open air
Never seen the sun, never run in the grass
You the bananas, you the avocados, you the melons
Prematurely torn from your family and left to mature far from home
In hangars beneath displays
You the shrimps who have never been in the depths
And know only tap water
All of you, conditioned products of large-scale distribution
Revolt!
Break ranks!
Form a union and make your demands!
Refuse to be locked up, deported, calibrated!
Refuse to be doped, to be injected and reflated
By hormones, GMOS and anabolics!
Denounce the infernal rhythms!
Demand what is due to you, to have the time
And the means for real early growth!
Down with modern slavery! Fight for dignity!
For decent conditions of work and life!
Go on strike so you can have holidays by the sea
A trip to your relatives in Spain.
An energetic hike by a Scottish mountain stream
An all-expenses-paid stay on a deep sea
Off a beach in Senégal.

Exigez le temps de vivre, de grandir et de mûrir.
Et soyez certains que nous autres les humains
Nous serons solidaires de votre combat. »

Demand the time to live, to grow and mature.
And be sure that we humans
We stand by you in your fight.'

Petite annonce

Vends f. parfaite, bon état de marche
(mens : 90-60-90) – 1, 75 m – 35 ans
75 000 km – carrosserie refaite
blonde patinée – bon démarrage
à l'allumage – experte tes positions
docile – hobby : aerobic et télé
sait faire cuisine enfants ménage.
pas sér. s'abstenir – prix à discuter
(possibilités mensualités)
tel urgence journal SVP.

Small Ad

For sale, fem, perfect, good running order
(vit stats: 36-24-36) – 1.75m – 35
75,000 miles – body work renewed
dyed blonde – good starter
expert in positions
docile – hobbies: aerobics and tv
(monthly poss)
ring paper asap. Ta.

Du pain sur la planche

À tous, il faut du pain et des roses
Mais les roses coûtent cher
et à beaucoup on ôte
le pain de la bouche.

(Pourtant
ce n'est pas le blé qui manque
ni la farine à moudre).

C'est pourquoi, mes frères, je vous le dis :
Nous avons du pain sur la planche.

Plenty on Your Plate

Everyone needs bread and roses
but roses are expensive
and many have the food
taken out of their mouths.

(All the same
there's more than enough bread
to go round.)

That's why, brothers, I tell you:
it's time to reap what we sow.

Image de la femme occidentale

Belle, mince, éternellement jeune, active,
moderne, intelligente, sportive,
souriante, indépendante, excitante, désirante,
toujours libre, toujours disponible,
l'image de la femme occidentale est en tous points parfaite
aussi bien habillée que nue.
Mais une image, on ne peut pas la toucher,
l'émouvoir, lui donner du plaisir,
la faire souffrir, la décevoir,
ni même l'amuser.
L'image de la femme
on peut l'aimer, l'adorer même, si on veut,
mais pas s'en faire aimer.
L'image peut séduire mais pas être séduite
L'image peut simuler
elle peut aussi stimuler
mais elle ne peut pas jouir.
Les images n'ont pas de plaisir, pas de pudeur,
pas non plus d'audace véritable,
ni de courage.
Les images peuvent parler mais elles ne pensent pas.
Les images n'ont pas de problèmes,
pas de projets,
elles ne travaillent pas,
elles ne rêvent pas et ne se battent pas.
Les images sont toujours sages.
Mais moi qui vis dans le monde occidental
où dominent les images
je connais une femme
(une au moins)
qui n'est pas une image.

Image of Western Woman

Beautiful, slim, eternally young, active,
modern, intelligent, sporty,
smiling, independent, exciting, full of desire,
always free always available,
the image of western woman is perfect
in every way
whether dressed or naked.
But an image can't be touched,
moved, given pleasure,
made to suffer, deceived,
nor even amused.
You can love the image of woman,
even adore it if you like
but not be loved by it.
The image can seduce but not be seduced.
The image can simulate
it can also stimulate
but it can't enjoy.
The image doesn't have pleasure, modesty
nor either genuine audacity
nor courage.
Images can talk but
they can't think.
Images have no problems, plans.
They don't work
they don't dream and don't fight.
Images are always well-behaved.
But I who live in the western world
where images dominate
I know a woman
(at least one)
who is not an image.

Image de l'homme occidental

L'image de l'homme occidental voyage en TGV
et fait pusieurs fois par jour le tour de la Terre en avion
pendant que nous restons coincés dans un embouteillage
et nous entassons toutes races mêlées dans les rames du métro.
L'image de l'homme occidental est bronzée sur papier glacé
et passe son temps en vacances
debout sur une planche de surf toujours à la crête de la même vague
pendant que nous pâlissons sous le soleil artificiel de
nos bureaux climatisés
devant les eaux bleu-vert de nos écrans.
L'image de l'homme occidental reste toujours svelte
mais 50 % d'entre nous sommes menacés d'obésité.
L'image de l'homme occidental a toujours les dents blanches
mais – faute de moyens pour se faire soigner – beaucoup
portent la ruine dans leur bouche.
L'image de l'homme occidental est armée jusqu'à la gueule
de cartes de crédit et de missiles
Mais ils sont les plus nombreux ceux qui n'ont rien à eux.
D'après son image, l'homme occidental est un vainqueur
mais, dans la vie réelle, la plupart des hommes d'ici
sont des vaincus…
L'image de l'homme occidental a toujours raison
elle est universelle et recouvre la Terre
alors que lui est assez particulier
et tout à fait minoritaire sur Terre.

The Image of Western Man

The image of western man travels by TGV
and orbits the earth several times a day by aeroplane
while we remain stuck in a traffic jam
and we pile up all races together in the underground
The image of western man is tanned in glossy photos
and spends his time on holiday
standing on a surf board always on the crest of the same wave
while we grow pale under the artificial sun of
our air-conditioned offices
before the blue-green waters of our screens.
The image of western man remains forever slim
but 50% of us are threatened by obesity
The image of western man always has white teeth
but – for the want of the means to look after themselves –
many carry ruin in their mouths.
The image of western man is armed to the teeth
with credit cards and missiles.
But the most numerous are those who have nothing.
According to his image, western man is a conqueror
but, in life itself, most men from here
are beaten…
The image of western man is always right
it is universal and covers the Earth
while he is quite rare
and altogether in a minority on Earth.

Un cœur au frigo

Tu as déposé ton cœur
dans le compartiment congélateur
de ton frigo
pour le mettre à l'abri
des variations de la température,
des bactéries,
des maladies, des aventures
et des malheurs.
Ainsi, tu pourras le ressortir
et il sera comme neuf
le jour où, enfin
tu en auras besoin.
Prends garde
cependant
à ne pas dépasser
la date de péremption.

A Heart in the Fridge

You've placed your heart
In the freezer compartment
of your fridge
to keep it away
from variations in temperature,
bacteria,
illness, adventures,
and misfortunes.
Thus, you'll be able to take it out
and it will be like new
the day, finally
you need it again.
Watch out
however
that you don't miss
the sell-by date.

Une ordonnance

Si vous êtes atteint de neurasthénie chronique
Et ne supportez plus que les chansons sombres
et désespérées
Tous les matins, au réveil,
Prenez un peu de soleil en ampoule
Deux à trois cuillers d'actualité survitaminée
À base de globules rouges
(attention à ne pas dépasser la dose prescrite)
et faites de l'exercice
(amour, travail et lutte
sont particulièrement recommandés).

Contre le sentiment du vide
De la perte du sens, de l'absurdité de l'existence
Ou de l'inutilité de toute création
Nous vous conseillons
Une cure prolongée
De réel.

Si les symptômes persistent
Consultez un poète.

A Prescription

If you are afflicted by chronic neurosis
And can tolerate only sad and desperate
    songs
Every morning, when you wake,
Take a little capsule of sunshine
Two or three spoonfuls of vitamin enhanced reality
In a base of red globules
(be careful not to exceed the stated dose)
and get a little exercise
(love, work and struggle
are particularly recommended).

Against the sense of emptiness
Of the loss of meaning, of the absurdity of existence
Or the uselessness of all creation
We recommend
An extended reality
Cure.

If the symptoms persist
Consult a poet.

Les sept merveilles du monde

1

La première merveille que je nomme c'est le monde, le monde lui-même qui vit très bien sans moi et que je retrouve pourtant chaque matin par la fenêtre à mon réveil, toujours aussi neuf, bruissant de galaxies et de comètes, d'icebergs et de déserts, de volcans, de chants d'oiseaux et de violettes.

2

La deuxième merveille que je nomme c'est la créature qui se fait créateur, les inventions de l'homme, ses petits et ses grands véhicules, ses avions et ses trains, ses autoroutes et ses vaisseaux spaciaux, ses téléphones, ses radios et télévisions, ses satellites et ses ondes, par quoi se réalisent l'unité de la planète, la télétransportation du monde et l'ubiquité de l'être.

3

La troisième merveille que je nomme, ce sont les ordinateurs grâce auxquels on peut écrire des poèmes et communiquer dans la nuit par-dessus l'océan atlantique, ce sont les machines toujours plus intelligentes des hommes qui bientôt les dispenseront de compter et de travailler et peut-être même de penser et de rêver.

4

La quatrième merveille que je nomme c'est la machinerie maîtrisée du corps, l'homme régulièrement réparé et amélioré, le mécano des gènes, la vie réinventée en éprouvettes et le bon Dieu en préretraite.

5

La cinquième merveille, c'est la somme de ce que nous savons et de ce que nous ignorons, nos idées et nos images, l'âme de nos objets, l'esprit qui se fait matière et qui se survit, l'éternité apprivoisée, la mort comme un simple moment nécessaire à la vie.

The Seven Wonders of the World

1

The first wonder I name is the world, the world itself which lives very well without me and which I discover, all the same, every morning through the window, when I wake, always new, buzzing with galaxies and comets, icebergs, deserts, volcanoes, bird-song and violets.

2

The second wonder I name is the creature who makes himself a creator, man's inventions, his small and large vehicles, his aeroplanes and his trains, his motorways and his spacious liners, his telephones, his radios and televisions, his satellites and his waves, uniting the planet, the teletransportation of the world and the ubiquity of being.

3

The third wonder I name, is the computers thanks to which we can write poems and communicate during the night across the atlantic, man's ever more intelligent machines, which will soon exempt him from calculating and working and perhaps even thinking and dreaming.

4

The fourth wonder I name is the mastered mechanisms of the body, men regularly repaired and improved. The meccano of genes, life reinvented in test-tubes and god taking early retirement.

5

The fifth wonder I name is the sum of what we know and don't know, our ideas and our images, the soul of our things, spirit made flesh and which survives, eternity tamed, life as a simple necessary moment in life.

6

La sixième merveille que je nomme, c'est notre imperfection, notre pouvoir de ne jamais nous satisfaire, de chercher toujours, de désirer, d'aller plus loin, d'imaginer et d'inventer, de composer des chants, d'édifier des cités et de ne pas renoncer à ce futur où nous serions un peu moins imparfaits.

7

La septième merveille, c'est d'aimer et d'être aimé, d'avoir besoin des autres et de leur être utile, de se réjouir et de réjouir, de prendre et de donner, de s'ouvrir et de produire, d'enfanter, de grandir, de se prolonger et se multiplier. et ceci, n'est pas prêt de s'achever.

6

The sixth wonder I name, is our imperfection, our power to never be satisfied, to always search, desire, to go further, to imagine and to invent, to compose songs, build cities and not renounce the future where we would be a little less imperfect.

7

The seventh wonder, is to love and be loved, to need others and to be useful to them to rejoice and to entertain, to take and to give, to open up and to produce, to have children, to grow, to continue and to multiply. And this is not near fulfilment.

Écologie urbaine

Un jour, j'ai lu, écrit au stylo
sur un mur du métro
(et m'en souviens encore)
ce précepte qui vaut de l'or :
« Sauvez un arbre ;
Mangez un castor ! »

Urban Ecology

One day I read, written in pencil
on a wall in the metro
(and I still recall it)
this priceless precept:
'Save a tree;
Eat a beaver!'

Poème gratuit n°2

La montagne est un plat à barbe
un petit homme habillé de noir en sort.
Il porte une collerette
en dentelle de neige
un blaireau argenté
et un grand rasoir.

Free Poem no. 2

The mountain is a level with a beard
a little man dressed in black is coming out of it.
He is carrying a collar
of snow-patterned lace
a silver shaving-brush
and a big razor.

Le rap anti-marques

Les marques c'est d'enfer
Mon frère tu t'enferres
Pour eux c'est des affaires
Pour toi c'est la galère
Te laisse pas faire, mon frère
Les marques c'est l'arnaque
Démarque-toi, mon frère,
Démarque-toi des marques !

Au temps des chevaliers
Bien sûr les écuyers
et même les destriers
Devaient sur leur plastron
Arborer l'écusson
De leur maître et patron
Pour aller à la guerre
Se faire occire, se taire
et ils en étaient fiers.
Nous avons passé l'âge
De vivre au Moyen-âge
D'être larbin ou page.

Les marques c'est d'enfer
Mon frère tu t'enferres
Pour eux c'est des affaires
Pour toi c'est la galère
Te laisse pas faire, mon frère
Les marques c'est l'arnaque
Démarque-toi, mon frère,
Démarque-toi des marques !

The Anti-Brand Rap

Brands you should hate
My brother you've taken the bait
For them it's commerce
For you it's worse than slavery
Don't be led, brother
Brands are bad
Unbrand yourself brother
Don't be had

In the age of knights
Squires knew their rights
And even chargers, mate
On their breast-plate
The coat-of-arms should plaster
Of their lord and master
As he went into battle
To die, no more prattle.
We've passed those stages
This ain't the Middle Ages
We won't be flunkey pages.

Brands you should hate
My brother you've taken the bait
For them it's commerce
For you it's worse than slavery
Don't be led, brother
Brands are bad
Unbrand yourself brother
Don't be had

Si Lacoste t'accoste
Si Nike veut te niquer
Si Adidas hélas
Veut harasser ta race
Ralph Lauren te rafler
Caterpillar piller
Les sous qu't'as de côté
Te laisse pas faire mon frère
Te laisse pas enrôler
Dans leur pas drôle de guerre
Tu n'as pas à la faire !
Déserte et reste fier !

Les marques c'est d'enfer
Mon frère tu t'enferres
Pour eux c'est des affaires
Pour toi c'est la galère
Te laisse pas faire, mon frère
Les marques c'est l'arnaque
Démarque-toi, mon frère,
Démarque-toi des marques !

Si tu kiffes pour Redskin
Si t'as l'vice du Levi's
Les glandes pour Timberland
Libère-toi de cette drogue
envoie tout ça aux gogues
Vendeurs et démagogues
Ils veulent t'utiliser
Pour leur publicité
Gratos, sans te payer
et même te faire racker !
Ne te laisse pas faire
Affranchis-toi mon frère.

If you're accosted by Lacoste
If you're mocked by Nike, crickey,
If those bleeders at Adidas
Want to out face your race
If you're foreign to Ralph Lauren
Caterpillar, oh it's rank
Robs your piggy bank
Don't be taken in brother
Don't enlist
In their unfunny war
No need to any more
.Desert their ride and keep your pride.

Brands you should hate
My brother you've taken the bait
For them it's commerce
For you it's worse than slavery
Don't be led, brother
Brands are bad
Unbrand yourself brother
Don't be had

Remove the brand of the brands
If you've skin in Redskin
If your vice is Levi's
Your glands for Timberland
Come off this coke
Treat it as a joke
Demagogues and dealers
You'll be had
For their ads
For free, no wage packet
It's a real racket
Don't be led by others
Free yourself brothers.

Les marques c'est d'enfer
Mon frère tu t'enferres
Pour eux c'est des affaires
Pour toi c'est la galère
Te laisse pas faire, mon frère
Les marques c'est l'arnaque
Démarque-toi, mon frère,
Démarque-toi des marques !

– Les marques, dis-tu,
Remarque
C'est de la qualité…
– La belle banalité
Tu parles… c'est de l'arnaque
Car question qualité
Bien des imitations
N'ont rien à leur envier.
J'dis : « Pas d'hésitation
Viv' la contrefaçon
qui leur pique du pognon
et qui fait travailler
Des gens dans l'monde entier ! »

Les marques c'est d'enfer
Mon frère tu t'enferres
Pour eux c'est des affaires
Pour toi c'est la galère
Te laisse pas faire, mon frère
Les marques c'est l'arnaque
Démarque-toi, mon frère,
Démarque-toi des marques !

Brands you should hate
My brother you've taken the bait
For them it's commerce
For you it's worse than slavery
Don't be led, brother
Brands are bad
Unbrand yourself brother
Don't be had

Brands, you say
Are grand
They're quality…
Simple banality
Really… it's a racket
Because when it comes to quality
Plenty of imitations
Achieve parity
I say: 'Don't hesitate
Counterfeit mate
Pinch their lolly, what enjoyment
And across the world, full employment!'

Brands you should hate
My brother you've taken the bait
For them it's commerce
For you it's worse than slavery
Don't be led, brother
Brands are bad
Unbrand yourself brother
Don't be had

Consignes pour le tri sélectif

Dans notre société, propre et bien ordonnée, un
>   bon citoyen se juge à la façon dont il
>   respecte le tri sélectif des détritus
(Sachez que n'importe quel voisin peut demander
>   aux autorités que l'on procède à l'ouverture
>   de votre sac-poubelle pour autopsier
>   vos déchets).
Attention à ne pas mélanger le verre et le plastique,
>   les canettes métalliques et le
>   papier-carton.
Les déchets organiques (restes de nourriture,
>   trognons de pommes, arrêtes de poisson,
>   cadavres découpés en plusieurs
>   morceaux…) doivent être placés dans des
>   sacs hermétiques.
Tout contrevenant est passible de contravention.
Le gaspillage étant une vertu économique,
>   l'industrie du déchet est appelée à proliférer.
Prière donc d'utiliser les containers spécialisés
>   prévus à cet effet.
Nous savons que cela vous fait chier, mais pour
>   nous votre merde vaut de l'or.
Le recyclage des ordures est un fondement de
>   notre république post-moderne et
>   lyophilisée.
Mais, attention à ne pas confondre ordure
>   et ordure.
Toutes ne sont pas susceptibles d'être utilement
>   recyclées.

La liste des ordures irrécupérables et dont il faudra
>   *se débarrasser par d'autres moyens vous*
>   *sera prochainement communiquée.*

Instructions for Sorting

In our society, clean and well-ordered, a
        good citizen judges himself by the way he
        respects the sorting of waste
(worth knowing that any neighbour can ask
        the authorities to open
        your bin bag to dissect
        your rubbish).
Be careful not to mix glass and plastic
        metal tins
        and cardboard.
Organic waste, (left-over food,
        apple cores, fish bones,
        corpses cut into several
        pieces…) must be placed
        in hermetically sealed bags.
Any concentration can lead to prosecution
Wastefulness being an economic virtue
        the whole industry is required to proliferate.
Please therefore use the dedicated
        containers
We know this makes you crap, but for
        us your shit is worth as much as gold.
Recycling waste is one of the foundations of
        our post-modern,
        freeze-dried Republic
But be careful not to confuse one waste product
        with another
Not all can be usefully
        recycled.

The list of the shit which can't be recovered and which you
        will therefore have to get rid of yourself by other means
        will be sent to you soon.

Consultez les spécialistes !

Pour chaque problème vous trouverez dans notre catalogue
Un expert compétent auquel vous pourrez
(les yeux fermés) déléguer tout ou partie de votre anatomie
(un bon morceau de vos économies et votre autonomie)
le rhumatologue pour s'occuper de vos vieux reins
(que votre état de bipède toujours assis a mis à mal)
le pneumologue pour s'occuper de vos poumons
(qui sifflent comme deux pneus menacés de crevaison)
le dermatologue pour votre peau
(qui ne vaut déjà pas cher)
le podologue pour vos problèmes de pieds
(de césure et d'hémistiche)
le neurologue pour votre tête
(qui n'est pas si bien faite)
le radiologue pour la radio, le météorologue
pour la télévision et les sautes d'humeur du temps
le sociologue pour votre vie en société
l'idéologue pour vos idées
le politologue pour les affaires de la cité
(dont tous les spécialistes s'accordent
à constater qu'elle est assez malade)
le proctologue pour vos affaires de cul
(et le sexologue itou)
le cardiologue pour vos peines de cœur
le kinésiologue, pour mieux gérer vos émotions
et le vulcanologue pour prévenir vos colères
éventuelles et populaires.

Et bientôt, remis à neuf dans nos ateliers spécialisés,
grâce aux techniciens
de notre service pièces détachées
vous deviendrez de parfaits androïdes.

Consult the Specialists!

For every problem you will find in our catalogue
A competent expert to whom you can
(with your eyes closed) delegate the whole or part of your anatomy
(and a fair bit of your savings and your autonomy)
the rheumatologist to look after your old kidneys
(which your condition of a biped who is always seated has ruined)
the pneumocologist to look after your lungs
(which hiss like two tyres threatening to burst)
the dermatologist for your skin
(which is already past it)
the podiatrist for problems with your feet
(caesura and hemistich)
The neurologist for your head
(which isn't very well made)
the radiologist for the X-rays, the meteorologist
for the television and the changing weather moods
the sociologist for your social life
the ideologist for your ideas
the politico for urban matters
(which the specialists agree
are pretty bad)
the bowel specialist for your backside
(and the sexologist likewise)
the cardiologist for your heart problems
the kinesthetician to better regulate your emotions
and the vuclanologist to prevent your possible
and vulgar tempers.

And soon, made good as new in our special worshops
thanks to the technicians
in our spare parts service
you will become perfect androids.

Recette pour écrire un poème post-moderne et commercial

Après avoir lu avec attention la posologie
(afin d'éviter un effet secondaire qui pourrait être fatal)
Prenez une dose de sentiment du vide
(On préconisait autrefois la nostalgie, mais ça ne marche plus)
Ajoutez-y quelques mots dispersés sur la page
Afin de ne pas aller jusqu'au bout de la ligne
(Évitez surtout de dire quoi que ce soit de trop clair
ni de trop précis) émiettez la phrase
que le blanc y soit éloquent, inutile de le monter en neige
contentez-vous d'un hachis très fin d'idées
(que personne n'y retrouve ses petits)
assaisonné de signes de ponctuation
(si possible utilisés à mauvais escient)
Disposez ça et là quelques termes étrangers
(de préférence latins, anglais ou allemands)
– un peu de grec ou de chinois est autorisé –
Parsemez le tout d'une poignée d'esperluettes frisées
et d'un ou deux vieux pétales de rose
(un truc ancien qui fait toujours son effet)
et vous aurez un poème tout à fait consommable
(un poème convenable, qui ne fait pas de bruit)
Il ne lui manquera pour être commercial
qu'un peu de sexe exhibo et une bonne promo.

Recipe for Writing a Post-Modern Commercial Poem

After reading the posology
(to avoid a secondary effect which could be fatal)
Take a dose of empty sentiment
(Nostalgia used to be recommended, but no longer works)
add a few words dispersed over the page
so as not to get to the end of the line
(Avoid above all saying anything too clearly
and precisely) break up the sentence
so the white is eloquent, no need to beat it to stiffness
Be happy with a fine mince of ideas
(so no one can see the wood for the trees)
season with punctuation marks
(if possible employed with poor knowledge)
Drop in here and there a few foreign items
(preferably Latin, English or German)
– a bit of Greek or Chinese is permitted –
Sprinkle the whole with a handful of ampersands
and one or two old rose petals
(an old trick, always effective)
and you will have a thoroughly edible poem
(an appropriate poem, which makes no noise)
To be commercial a bit of exhibitionist sex
and good marketing won't come amiss.

Relance pour factures impayées

M. Untel,
Domicilié sur la planète Terre
(Ainsi que l'ensemble des membres de sa famille,
Baptisée Humanité)
Doit à la General & Universal World Company Ltd
La somme de :
Mille millions de milliards de dollars
Pour consommation abusive d'eau
Au lieu-dit les Chutes du Niagara,
Dépenses de chauffage inconsidérées
Par énergie solaire au beau milieu du Sahara,
Absorption de produits azotés et consommation
    ininterrompue d'oxygène
Dans tous les coins imaginables,
Échange frauduleux de mots et d'idées
De Paris à Porto Alegre
Sur toutes les places de la Terre,
Sans compter la contrefaçon malheureusement répandue
Qui consiste à s'inventer des plaisirs,
Des loisirs, de l'amour et de la joie
Sans achat de licence
Et sans reversion de royalties.
Faute d'un règlement sous huitaine
Le dossier sera transmis à notre service contentieux
Pour engagement de poursuites judiciaires à votre encontre
Devant le tribunal qui décidera
De vous faire saisir
Ou bien
Si vous vous entêtez à refuser de payer
À déclarer en faillite
Et mettre en liquidation
La General & Universal World Company Ltd
(Ce qui serait bien sûr une catastrophe).

Demand For Unpaid Bills

Mr So-and-So,
Living on planet Earth
(Also the rest of his family
Christened Humanity)
Owes to the General and Universal World Company Ltd
The sum of:
A thousand million billion dollars
For abusive consumption of water,
In the place known as Niagara Falls,
Extravagant use of heating
By solar energy right in the middle of the Sahara,
Absorption of nitrogenous products and uninterrupted consumption
  of oxygen
In every imaginable spot,
Fraudulent exchange of words and ideas
From Paris to Porto Alegre
On all the world's squares,
Not to mention the unfortunate widespread counterfeiting
Which consists in inventing pleasures,
Leisure, love and joy
Without buying a licence
And without paying royalties
If not settled in less than a week
The file will be passed to our arbitration service
So legal procedures can be started
Against you
Before the court which will decide to arrest you
Or of course
If you insist on not paying
To declare bankrupt
And put in liquidation
The General Universal World Company Ltd
(Which naturally would be a catastrophe).

C'est pourquoi, nous vous demandons humblement,
Afin de nous éviter pareils désagréments,
De ne pas faire la tête
Et de bien vouloir, s'il vous plaît,
Continuer à racker.

That's why we humbly ask you
In order to spare us such annoyance
Not to be awkward
And please be good enough
To go on racketeering

Testament provisoire

Mon fils, je suis désolé, probablement, au moment
    où je m'en irai,
Je ne te laisserai pas un compte numéroté dans une
    banque en Suisse ou aux Bermudes
Tu n'hériteras pas d'un palais vénitien, avec
    fontaines, vasques et colonnes blanches, en
    stuc, quelque part en Californie
Tu ne pourras pas t'endormir au creux d'un matelas
    bourré d'actions sur l'uranium du Gabon
    ou la bauxite de Kanaky
Peut-être te laisserai-je par contre quelques dettes,
    des chaussures abîmées que tu ne pourras
    pas mettre, une vieille veste en velours élimé,
Des cartons de livres dont tu te demanderas quoi faire
(Il faut dire, qu'à moi, il m'aura fallu une vie entière
    pour les lire)
Je te laisserai aussi quelques poignées de poèmes
    (difficiles à négocier)
Un plant de vigne dont tu n'auras peut-être pas
    envie de t'occuper
Un couteau Laguiole
Et – mais la chose me paraît improbable –
Un baluchon crevé, contenant quelques idées
    toujours utilisables…

Par contre, je voudrais te léguer
Le vol des hirondelles, la lumière de la mer,
Le sourire des femmes,
La rumeur de la ville, l'empreinte de la foule,
Un carré de ciel bleu
Un bout de chiffon rouge
Une raison au moins de te tenir droit
Et de vouloir à ton tour prendre soin de la vie
Sur ce lopin de terre.

Provisional Will

My son, I'm very sorry, probably, at the moment
    of my departure,
I won't leave you a numbered account in
    a bank in Switzerland or Bermuda
You will not inherit a Venetian Palace, with
    fountains, basins, and white columns, in stucco
    somewhere in California
You won't be able to fall asleep in the hollow of a mattress
    stuffed with certificates for Uranium in Gabon
    or Bauxite in Kanaky.
Perhaps I will leave you, however, a few debts
    used shoes you won't be able
    to wear, an old brushed velvet jacket
Boxes of books you will wonder what to do with
(it has to be said, that me, I'd have needed a lifetime
    to read them)
I will leave you too a few fistfuls of poems
    (hard to sell)
A vine you'll maybe not fancy
    looking after
A Laguiole knife
And – though it seems unlikely –
A shabby bundle, containing a few
    still viable ideas…

On the other hand, I would like to leave you
The flight of swallows, the light of the sea,
The smile of women
The hubbub of the town, the press of the crowd
A square of blue sky
A bit of red rag
A reason to at least stay on your feet
And to wish in your turn to care for life
On this patch of earth.

Poème (plus ou moins) gratuit n°3

Dans les rayons de l'hypermarché
nage un poisson rouge
Gold Fish géant.
Il donne dans l'air des coups de nageoire
sa queue qui ondule a des reflets d'arc-en-ciel.
D'un oeil indifférent, il regarde les aliments canins
et la litière pour chats.
en souplesse
il contourne les piles de conserves en équilibre
la réserve de Coca, les détergents superpuissants
et les bières de Belgique
il passe au large des rouleaux de papier hygiénique
ignore les surgelés, l'électroménager
et le coin cosmétique…
et, en tant que poisson rouge géant,
il se dit que non, vraiment,
non,
il n'a rien à faire dans cet endroit-là.

Free Poem (More or Less) no. 3

On the supermarket stalls
swims a goldfish
A giant Gold Fish.
He flaps in the air
his wagging tail reflects rainbow colours.
With an indifferent eye, he looks at the dog food
and cat litter.
He's supple
as he negotiates the heaps of jam jars
the stock of Coca-Cola, the superpowerful detergents
and the Belgian beers
he swims out beyond the rolls of toilet paper
ignores the frozen foods, the electrical goods
and the cosmetics counter…
And, as a giant goldfish.
he says to himself, no, really,
no,
he has nothing to do with this place.

Le poème

« Depuis longtemps, dis-tu, nous savons
que la poésie n'a pas pour objet
de changer le monde. »

Pourtant, près du canal,
une feuille de platane, jaune
Large comme une main aux doigts écartés
Tombe doucement
en caressant
Le visage de cette après-midi
D'automne.

Et le monde
(Même s'il ne le sait pas)
en est un peu changé.

The Poem

'For a long time,' you say, 'we've known
the aim of poetry is not
to change the world.'

However, near the canal,
a plane tree leaf, yellow
wide as a splayed hand
falls gently
caressing
this afternoon's autumn
face.

And the world
(but it doesn't know it)
is slightly changed.

Sur l'obscurité en poésie

Mon ami,
si tu es trop clair
tu as toutes les chances
de rester obscur.

Pour être dans la lumière
mieux vaut
faire un peu l'obscur.

On Obscurity in Poetry

My friend
if you are too clear
you have every chance
of remaining obscure.

To be in the light
better
be a little obscure.

Technicolor

Dans la série : couchers de soleil
ce soir : très belle émission
cinéma muet, en technicolor
bien sûr, comme dans tous les feuilletons
américains, on connaît la fin…
et pourtant
    à chaque fois
        on se laisse prendre.

Technicolour

In the series: sunsets
this evening: a beautiful programme
silent cinema, in technicolour
of course, as in all American
soaps, you know the end...
and all the same
      each time
          you let yourself be taken in.

Samedi en famille

un homme sort du magasin
avec deux jolies petites filles
sagement assises
au fond de son caddie.
Il les a eues en promotion
au rayon Produits frais
du supermarché.

Family Saturday

A man comes out of a shop
with two pretty little girls
sitting good as gold
in his trolley.
He got them in the sale
at the supermarket
fresh produce counter.

Commande urgente sur catalogue

Réservez-nous une aurore boréale
    de celles qui font de grands plis soyeux
au-dessus de l'horizon
pour changer le rideau de la chambre à coucher.
Faites-nous livrer un arc-en-ciel
    Nous l'installerons sur la terrasse
        pour éclairer notre séjour.
Nettoyez-nous à grande eau dans l'évier
    quelques forêts tropicales
    à manger en salade.
Préparez-nous pour le dîner
    un potage de nuages veloutés
    un banc de poissons lumineux.
Et, en guise de dessert,
    une calotte glaciaire
ou un soleil en gelée
    jaune et fondant
        comme un nid de canari…
(Ensuite, nous irons nous coucher
après nous être tiré jusque sous le menton
le drap de satin
    d'une nuit étoilée.)
Mais, pas la peine de m'adresser la facture.

LE MONDE N'EST PAS UNE MARCHANDISE.

Urgent Order from a Catalogue

Reserve us an aurora borealis
    from those which make great silky folds
above the horizon
as a change to the bedroom curtains.
Deliver us a rainbow
    we'll put it on the patio
    to light up our living-room.
Clean for us with plenty of water in the sink
    a few tropical forests
    to eat in a salad.
Prepare for our dinner
    a velvety cloud soup
    a shoal of shiny fish.
And, by way of a dessert
    an ice cap
or a frozen jelly sun
    yellow and melting
        like a canary nest…
(Then, we will go to bed
pulling up to our chin
the satin sheet
    of a starry night.)
But don't bother sending me the bill.

THE WORLD IS NOT A COMMODITY.

Nature : service après-vente

Pour cette petite aube rose et grise
qui nous a été livrée, aujourd'hui, de bonne
   heure, dans notre quartier
faudra-t-il signer un reçu ?
Pour le lilas qui fleurit, déborde le grillage
et dont l'odeur flotte dans la rue,
est-ce que nous recevrons une facture ?
Pour les giboulées d'avril, les grêlons gros comme
   des grelots
et les orages intempestifs de l'été
pourra-t-on s'adresser au service après-vente ?
Pour le soleil qui joue à travers les branches
   du marronnier,
Pour le rayon de lune, pour la brise du soir,
y a-t-il une garantie ?
Pour le couchant rouge entre les tours de la cité
qui menace d'incendier la ville
faudra-t-il prendre une assurance ?
Pour le long cortège funéraire des feuilles
   d'automne
et pour la neige en décembre
aurons-nous besoin d'un permis d'inhumer ?

Nature: After Sales Service

For this little pink and grey dawn
which has been given us, early
   in our neighbourhood
must we sign a receipt?
For the lilac in flower,which grows over the fence
and whose odour floats in the street
will we get a bill?
For the April showers, the hailstones as big
   as bells
and the wild summer storms
do we need to apply for after-sales service?
For the sun which plays through the branches
of the chestnut tree
For the moonlight for the evening breeze,
is there a guarantee?
For the red sunset between the estate's towers
which threatens to burn the town
do we need insurance?
For the long funeral procession of the autumn
   leaves
and for the December snow
will we need a burial certificate?

Sur une idée de Properce

à Patricia

La terre donnera des fruits au beau milieu de l'hiver
Les icebergs viendront rafraîchir les déserts
Les fleuves remonteront jusqu'à leur source
Les oiseaux nageront dans les airs
Les poissons voleront dans le ciel
On marchera sur la cime des arbres
Les étoiles nous parleront à l'oreille
Et le capitalisme renonçant à son profit
Se préoccupera du bien-être commun
Avant que mon amour
Apprenne à faire des concessions.

On an Idea from Propertius

for Patricia

The earth will produce fruit in mid-winter
Icebergs will refresh the deserts
Rivers will flow back to their source
Birds will swim in the air
Fish will fly in the sky
We will walk on the tops of trees
Stars will speak in our ears
And capitalism, giving up on profit,
Will concern itself with the common good
Before my love
Will learn to make concessions.

L'ours

à Aurélien

On l'avait cru disparu
On se demandait même si on le reverrait
mais il a dû entrer par la fenêtre
qu'il a enjambée joyeusement
et le voici dans la cuisine
les bras ballants, le dos rond, poussant des grognements
et regardant à droite et à gauche pour voir s'il n'y a
   pas de chasseur
ou de garde-forestier à l'horizon
Il est en train de se taper tout ce qu'il y a dans le frigo.
En à peine une bouchée, il a avalé le reste de gigot
de sa patte il a cassé le compartiment glaçons
et défoncé le paquet de beurre
il a liquidé le pot de crème fraîche et vidé la
   réserve de sirop d'érable,
d'un coup de griffe, il a déchiré le paquet de jambon
et a tout avalé en laissant le sac plastique
   éventré dans le frigo.
Bien sûr, il n'a pas refermé la porte.
Il a tout laissé en plan :
la bouteille de lait renversée sur le sol
le pot de Nutella vide qui gît sur la table de la cuisine
en compagnie de trois bouteilles de Yop crevées et cabossées.
Il a aussi visité la salle de bain
il a fouillé dans le placard,
visiblement il a renoncé à se raser mais il a
répandu partout la mousse à raser
vidé ma bouteille d'after-shave
fait un malheur dans les crèmes de beauté de Patricia

The Bear

to Aurelien

We thought he'd disappeared
we wondered if we'd ever see him again
but he must have come in through the window
which he straddled happily
and here he is in the kitchen
his arms dangling, his back bent, groaning
and looking left and right to see
    if there's a hunter
or a game-keeper on the horizon
He's tucking into what's in the fridge.
In barely a mouthful, he's swallowed the left-over lamb
with his paw he's broken the ice-cube maker
and crushed the packet of butter
he's liquidated the pot of crème fraiche and emptied
    the maple syrup jar
with a blow of his claws he's torn the packet of ham
and eaten it leaving the plastic bag
    emptied in the fridge.
Of course, he hasn't closed the door.
he's left everything in a mess:
the bottle of milk overturned on the floor
the empty Nutella jar sitting on the kitchen table
together with three crushed, bashed bottles of Yop
    He's also been to the bathroom
he's rummaged in the cupboard,
obviously he's refused to shave but
has spread shaving foam everywhere
emptied my bottle of after-shave
ruined Patricia's beauty creams

et descendu le super flacon de lessive liquide
    à la fleur d'oranger.
Puis il a piqué ma robe de chambre et mes pantoufles
et le voici qui s'assoit devant la télé, dans le
    vieux fauteuil au tissu déchiré
Va-t-il poser sur le bout de son nez poilu une paire de lunettes
et prendre dans ma bibliothèque un bouquin de poésie ?
Non, ça ne l'intéresse pas…
Je crois qu'il préfère se rouler un joint
et qu'il va encore foutre des miettes de tabac partout…
Quand il est comme ça
pas la peine de lui faire des remarques.
Il est juste capable de grogner
et de montrer les dents.
C'est un ours mal léché qui n'a aucun respect
    pour son environnement.
Vivre sur une planète qu'il a transformée en dépotoir,
ça n'a pas l'air de le déranger…
Il fait comme s'il était chez lui
et, circonstance aggravante,
il est chez lui.

and got down the super-sized bottle
    of orange-scented washing-up liquid
Then he pinched my dressing-gown and slippers
and here he is sitting in front of the telly in
    the old torn armchair
Is he going to put glasses on the end of his hairy nose
and take a poetry book from my bookcase?
No that doesn't interest him.
I think he prefers to roll a joint
and is going to dump bits of tobacco everywhere…
When he's in that mood
there's no point speaking to him.
He's capable only of groaning
and showing his teeth
He's a poorly disciplined bear who has no
   respect for his environment
Living on a planet he's turned into a rubbish dump
seems not to bother him…
He behaves as if he's at home
and, troublesome fact,
he is.

Le trafiquant des muses

à Ronsard

La contrebande que je porte
    Ne peut pas m'être confisquée
C'est un commerce d'autre sorte
    Bien qu'il puisse être assez risqué.
S'il est trafic ce n'est pas d'armes
    Et pas non plus de stupéfiants
Il intéresse peu les gendarmes
    Gens d'ordinaire plutôt méfiants
Et moins encore les voleurs…
    Cette camelote que j'offre
Pour eux doit être sans valeur.
    Je l'entrepose dans mon coffre
Or le laissant toujours ouvert
    Souvent j'ai été visité
Mais jamais je n'ai découvert
    Qu'un livre, (un seul !) me fût volé
(Ce qu'évidemment je déplore…)
    C'est au vrai un curieux métier
Qui ne m'a jamais couvert d'or
    Ni d'argent de la tête aux pieds ;
Et quelle étrange marchandise
    Celle qu'avec moi je transporte…
Mais quoi que les idiots en disent
    Elle a le don d'ouvrir les portes.
Elle court elle court les avenues
    Elle est tantôt heureuse ou triste
Elle se présente toute nue
    et rares sont ceux qui lui résistent
Étrange est sa propriété
    Plus elle s'offre à tous en partage
Plus elle peut se multiplier.
    Elle est sauvage et elle est sage.

The Muse Dealer

for Ronsard

The contraband I carry
    can't be confiscated from me
it's a trade of a different kind
    though it can be just as risky
it may be trafficking but not weapons
    nor narcotics
it doesn't interest policemen
    ordinary folk who are mostly scornful
and thieves even less…
    this junk I'm peddling
is valueless for them.
    I place it in my boot
But leave it always open
    often I've been visited
But never discovered
    One book (just one) has been stolen
(Which of course I deplore…)
    Truly it's a curious job
Which has never brought me gold
    Nor filled my pockets with money;
And what a strange merchandise
    The one I carry around…
But whatever the idiots say about it
    It has the gift of opening doors
It runs and runs along the avenues
    Sometimes happy or sad
She appears naked
    And those who resist it are rare
Its character is peculiar
    The more it spreads itself around
The more it reproduces.
    It's wild and well-behaved.

De même suis-je pauvre et riche
    Et plus je peine, plus je m'amuse.
Des autres affaires je me fiche ;
    Je suis le Trafiquant des muses…

In the same way I am poor and rich
    And the more vexed I am the more I enjoy myself
For other trade I don't give a fig
    I am the muse dealer.

Allumez les étoiles !

à Maïakovski

« Allumez les étoiles
        une à une
                dans le ciel
                        de nos têtes ! »
réclame le poète
« Allumez les étoiles !
        car la nuit est trop noire
                et nous voulons y voir.
Allumez les étoiles
        pour faire de la planète
                rien qu'une salle des fêtes
et que chacun
        chacune
                soit invité au bal ! »
Mais vous, vous prenez peur
vous n'êtes pas d'accord
vous ne voulez pas
que la Terre entière
vienne et prenne
un bain de pieds
dans votre coupe de champagne.
« On ne se baigne pas
à deux
dans le même fleuve »
dites-vous,
pour vous excuser,
et aussi
        qu'il n'y a pas assez
                d'étoiles
pour tout le monde

Turn on the Stars

for Mayakovsky

'Turn on the stars
       one by one
             in the sky
                   of our heads!'
demands the poet
Turn on the stars!
       because the night is too black
             and we want to see
Turn on the stars
       to create for the planet
          nothing but a festive hall
and let everyone
             and anyone
                     be invited to the dance!
But you, you are afraid
you don't agree
you don't want
the entire world
to come and bathe its feet
in your champagne cup
'You do not bathe
in pairs
in the same river'
you say
to excuse yourself,
and also
       there are not enough
             stars
for everyone

et encore
que le grand compteur de l'univers
ne supporterait pas cette surtension
si toutes les étoiles
d'un coup
étaient allumées...
Plutôt que partager
en fait
    vous seriez prêts
        à décommander le spectacle
à faire démonter les estrades de la Terre
à replier les tentures du ciel
      et à éteindre
           une à une
                toutes les étoiles
avant de disparaître
      par dessus la rampe
            ou dans le trou du souffleur...
– Nous ne vous
      laisserons pas faire !

and further
the great universal meter
will not tolerate this excessive charge
if all the stars
at once
were lit up…
Rather than sharing
in fact
    you would be ready
        to cancel the show
to dismantle the Earth's stands
to fold the sky's tapestries
       and to extinguish
            one by one
                  all the stars
before disappearing
       above the footlights
            or into the prompt box.
We will not
    permit you!

POÈMES MORAUX

MORAL POEMS

La prosopopée des chaises

Vous ne dites rien, vous restez là, toute la journée,
coi et buté dans votre coin.
Vous êtes une chaise.
Vous avez la tête… dure, on dirait du bois,
    vous êtes émotif…
sentimental comme un moulage plastique,
    sensible à la beauté comme un tube d'acier
ce qui est normal
puisque vous êtes une chaise.
Vous êtes d'une patience à toute épreuve, vous
    ne faites pas de politique, vous n'avez
    d'ailleurs aucune opinion personnelle sur
    aucun sujet particulier,
car vous êtes une chaise.
Vous tournez obstinément le dos à l'étranger
    qui entre dans la maison, vous regardez la
    table de la salle à manger, comme si vous
    aviez peur qu'on vous la vole,
vous êtes étroit et raciste.
Vous êtes une chaise.
Vous passez votre temps à quatre pattes, prostré
    là où on vous a posé, dans la cuisine ou le
    salon,
vous n'avez pas de revendication,
vous faites votre boulot sans l'ouvrir, jusqu'au
    jour où malencontreusement vous vous
    cassez une patte,
alors on vous jette ;
car vous n'êtes qu'une chaise.
Si vous aviez fait des études, si la fortune vous
    avez souri, vous auriez pu prétendre au rang
    de siège.

The Speaking Chair

You say nothing, you stay there, all day,
motionless and fixed in your corner.
You are a chair.
You have a hard head… one might say wooden,
    you are emotional…
sentimental as a plastic mould
    sensitive to beauty like a steel pipe
which is only to be expected
seeing you're a chair.
Your patience stands every test, you
    engage in no politics, you have
    furthermore no personal opinions on
    any particular subject
because you are a chair.
Obstinately you turn your back on strangers
    who come to the house, you look at
    the dining-room table, as if
    you were afraid it would be stolen,
you are a narrow-minded racist.
You are a chair.
You spend your time on all fours, exhausted
    there where you have been put, in the kitchen or
    the living-room,
you make no claims
you do your job without question until
    the day when unfortunately you break
    a leg,
then you're thrown away;
because you are merely a chair.
If you had studied, if fortune had smiled
    on you, you could have claimed the
    throne.

Mais vous n'êtes qu'une chaise.
Vous prenez des airs distingués, vous vous tenez
    toujours droit, vous êtes particulièrement
    guindé et collé monté,
mais n'importe quel cul peut se poser sur votre nez,
vous ne protestez jamais.
Je crois que vous êtes une chaise.
En fait, vous êtes sourd et idiot.
(Peut-être bien que vous êtes une chaise.)
On vous a vu dans une taverne
chevauché par des soudards dansant une ronde
    endiablée autour de la pièce,
vous ne vous souvenez bien sûr de rien.
Vous ne connaissez pas l'Histoire.
Vous êtes une chaise.
Vous avez oublié le bruissement des forêts, les
    confidences de l'humus, le cri du geai,
vous ne connaissez rien de la nature.
Vraiment, vous êtes une chaise.
Pour vous le monde est rond ou carré,
quelle que soit votre taille, votre couleur ou
    votre forme, vous répondez
au concept de chaise,
comme un chien répond à l'appel de son
    maître.
Pourtant, vous ignorez tout de la philosophie,
vous ne possédez pas le moindre rudiment de
    dialectique,
vous ne soupçonnez rien de votre double
    nature
de valeur d'usage et de valeur d'échange
et ce qu'on fait de vous, malheureux, ne vous
    fait ni chaud, ni froid.

But you are merely a chair.
You put on airs, you hold yourself upright
    you are particularly stilted
    and stiff-collared
but any backside can sit on your nose
you never protest.
I think you are a chair.
In fact, you are deaf and stupid
(Perhaps it's just as well you're a chair.)
You've been seen in a pub
straddled by drunks doing a devilish
    rondo around the room
of course you remember nothing.
You know nothing of History.
You are a chair.
You have forgotten the rustling of forest, the
    secrets of the soil, the cry of the jay
you know nothing of nature.
Truly, you are a chair.
For you the world is round or square,
whatever your size, your colour or
    your shape, you respond
to the concept of a chair
like a dog responds to its owner's
    call.
However, you ignore all philosophy
you don't possess the least rudiments of
    dialectic
you have no suspicion of your double
    nature
of exchange or use value
and what people do with you, unlucky one,
    makes you neither warm nor cold.

Vous êtes une chaise…
et maintenant,
vous me dites que ce n'est pas vrai,
que vous en avez assez de ce poème,
et que, d'ailleurs, vous n'êtes pas une chaise…

D'accord…
Alors,
prouvez-le.

You are a chair…
and now,
you say to me it isn't true,
that you've had enough of this poem,
and that, besides, you are not a chair…

Okay…
Then
prove it.

Autocritique

Il est grand temps de regarder les choses en face
et dire ce qui est :
Je ne suis pas dans le coup
je ne suis sans doute pas normal.
Espèce de dinosaure
rêveur, indolent et herbivore
qui n'a pas su
s'adapter
aux nouvelles conditions climatiques de la planète,
je ne parviens pas à m'enthousiasmer
pour ces temps nouveaux.
Je dois être un fichu réactionnaire
pour ne pas comprendre la nécessité
des réformes réclamées par les marchés financiers,
un conservateur de salarié
attaché à ses privilèges
qui empêche la société d'évoluer
afin qu'elle devienne la libre arène
où tous pourront librement s'entretuer
et verser joyeusement leur sang
dans les jeux du cirque
de la guerre économique.
En fait, je crois bien
que je ne suis pas rentable.
Et – circonstance aggravante –
il semble
que je ne sois pas le seul.

Self-criticism

It's high time to look at things directly
and to say what is:
I don't know what's going on
I'm not at all normal.
A kind of dinosaur
a dreamer, lazy and herbivorous
who hasn't been able
to adapt
to the new climactic conditions of the planet,
I don't manage to feel enthusiastic
for this new time.
I must be a lousy reactionary
to be unable to understand the need
for reforms demanded by the financial markets,
a conservative wage-earner
attached to his privileges
who prevents society from evolving
so it can become the open arena
where everyone can freely kill one another
and joyously spill their blood
in the circus games
of the economic war.
In fact, I think
I'm not profitable.
And – what makes it worse –
it seems
I'm not the only one.

La longue marche

J'ai rencontré un homme préhistorique
qui prenait l'air sur le seuil de sa grotte
en fumant une tige de maïs sauvage
à côté d'un feu de brindilles sur lequel il veillait.
Nous avons parlé de la pluie et du beau temps
et de la vie
qui n'est plus ce qu'elle était.
« Cette nouvelle invention,
m'a-t-il dit en me montrant le feu,
fait beaucoup discuter.
Certains affirment que nous sommes perdus…
car nous avons volé le feu du ciel
et les dieux jaloux ne tarderont pas à se venger.
D'autres disent qu'il faut surveiller la flamme
de près et apprendre à maîtriser le progrès…
Nous en parlons beaucoup le soir à la veillée
assis tous en rond autour du foyer, pour nous
    réchauffer. »

The Long March

I met a prehistoric man
taking the air on the threshold of his cave
smoking a wild corn stalk
beside a fire of twigs he's keeping watch over.
We spoke of rain and good weather
and of life
which is no longer what it was.
'This new invention'
he said, pointing to the fire,
'has got people talking.
some are sure we are lost..
because we have stolen fire from the sky
and the jealous gods don't hesitate to take revenge.
Others say we must watch the flame
closely and learn to control progress…
We talk about it a lot in the evening as we keep watch
sitting round the hearth to
    warm ourselves.'

En hommage à Dolly

première brebis clonée

Dolly, petite soeur,
qui poses sagement pour la photographie,
même cet air un peu bête et perdu
tu ne l'as pas inventé
(il est l'exacte reproduction de ton modèle).
Petite gourde, tu ignores le monde entier
mais le monde entier te connaît.
Avec ton regard benêt, mine de rien
tu es l'un des plus beaux communiqués de victoire
des hommes en blouses blanches.
(Le Bon dieu peut aller se rhabiller).
Tu es un moment de l'histoire de l'humanité
(chacun a droit à son instant de gloire).
Mais ce pouvoir nouveau entre nos mains
qu'en ferons-nous ?
Allons-nous avec amour et délicatesse
corriger les tares de la création ?
Ou choisirons-nous d'être des monstres
qui gardent dans leurs frigos
des êtres copies conformes élevés en batterie
pour l'échange standard des organes usagés
d'une race qui s'épuise ?
Nous devrons décider.
Qui parmi nous veut devenir
un clone de mouton ?

Homage to Dolly

the first cloned sheep

Dolly, little sister,
who poses obediently for the photograph,
even that slightly stupid and lost look
you didn't invent
(it is the exact reproduction of your model).
Little fool, you are oblivious to the whole world
but the whole world knows you.
with your simple-minded look, expressionless
you are one of the most beautiful dispatches of the victory
of the men in white coats.
(The good lord can go and get changed).
You are a moment in human history
(everyone has a right to his moment of glory).
But this new power in our hands
what will we do with it?
Are we, with love and delicacy,
going to correct the mistakes of creation?
Or will we choose to be monsters
who keep in their fridges
creatures who are battery-raised identical copies
for the standard exchange of used organs
of a worn-out species?
We will have to decide.
Who amongst us wants to become
a cloned sheep?

Concert matinal

Chaque jour, vers cinq heures du matin
(de préférence au printemps)
les oiseaux déclenchent leur raffut
dans le feuillage des arbres.
La ville à cet instant leur appartient
(pour un instant seulement).
Par le fracas de leur chahut ils annoncent
le retour imminent du soleil
et du jour avec ses milliers de bruits
humains et machinaux
qui vont les faire taire.
Mais pour le moment, au fond de nos lits,
c'est nous qui nous taisons
et nous n'avons rien de mieux
ni de plus beau à faire, que les écouter.

Morning Concert

Every day, at about five in the morning
(preferably in spring)
the birds unleash their row
in the trees' foliage.
At this moment the town is theirs
(for a moment only)
By the fracas of their hubbub they announce
the imminent return of the sun
and of the day with its thousand noises
human and mechanical
which will silence them.
But for the moment, sunk in our beds,
it's we who fall silent
and we have nothing better
nor more beautiful to do than listen to them.

Le bon pain

De celui-ci on dit
qu'il est « bon comme le bon pain »
et cela suffit pour dire
qu'il est peut-être rugueux
comme la croûte craquelée du pain,
mais que son coeur est tendre comme la mie.
Cela suffit pour dire que son grain a mûri
planté en plein champ sous le soleil terrible de l'été,
qu'il a été pétri de la farine ordinaire et fine des hommes,
qu'il a levé parmi les autres
et qu'ayant passé par le feu des épreuves
il est toujours frais, savoureux, odorant
et qu'il fait don à qui en a besoin
de son corps et de son esprit.
On dit de lui qu'il est « bon comme le bon pain »
et cela suffit pour dire
qu'il est simple, nécessaire et généreux.
On raconte même
qu'à l'âge de la retraite,
vieux croûton passablement rassis,
il continue (bien qu'en ville la chose
ne soit guère autorisée) à s'émietter
pour donner à manger aux oiseaux…

The Good Bread

Of a certain man people say
he's 'as good as fine bread.'
And that's enough to say
that maybe he's rough
like the crisp crust of the bread,
but that his heart is as tender as the crumbs.
It's enough to say that his seed has matured
planted in the middle of the field beneath the terrible summer sun
that he has been kneaded from the ordinary and fine flour of men,
that he rose among others
and having been proven in the fire
he is still fresh, tasty, good to smell
and that he gives to whoever is in need
his body and his mind.
They say of him he's 'good like fine bread'
and that's enough to say
he's simple, necessary and generous.
They say even
in retirement
old pretty staid crouton
he continues (although in town it's
hardly permitted) to crumble
in order to feed the birds.

Géométrie post-individualiste

Fatigue des conversations à table
où la moindre phrase commence par
« Moi, je… »
en ce début de millénaire
dans la partie septentrionale
et développée du monde
(baptisée le plus souvent occident)
« l'individu
est au centre »
(ce qui en général est vrai
uniquement pour lui).
Peut-être son monde est-il trop petit…
L'individu est au centre
du monde
mais, à quelques exceptions près,
personne ne s'intéresse à sa petite sphère.
Pour être, aux yeux des autres, intéressant
il faut, par un mouvement de rotation, déplacer son centre
(au moins son centre d'intérêt)
vers l'extérieur de soi
et s'intéresser aux autres.
(Ou, formulé autrement,
selon une loi de la géométrie post-individualiste –
tout être humain en développement
se définit par un cercle
dont le centre
est à l'extérieur
de la circonférence.)

Post-Individualist Geometry

Weariness of conversations at the table
where the least phrase begins with
'Me, I…'
At this start of the millennium
in the northern part
of the developed world
(most often called the West)
'the individual
is at the centre'
(which in general is true
solely for him).
Perhaps his world is too little…
the individual is at the centre
of the world
but with a few exceptions
no one takes an interest in his little sphere.
To be interesting in others' eyes
you must, by a rotating movement, shift your centre
(at least your centre of interest)
towards your exterior
and take an interest in others.
(Or to put it another way
according to the law of post-individualist geometry
every developing human
is defined by a circle
whose centre
is outside
its circumference.)

Une chaussette

Une chaussette dépareillée
retrouvée par hasard
un matin sous le lit.
Elle attend
désespérément
qu'on l'unisse
à sa sœur
oubliée
quelque part
dans le sac à linge
ou au fond d'un placard
ou peut-être même
jetée à la poubelle
parce qu'elle était usée
élimée et trouée.
Les chaussettes sont utiles
on les salit
on les exploite
on les méprise
et on s'en débarrasse
sans qu'elles se révoltent.
La vie des chaussettes
n'est pas toujours gaie…
Vivre comme une chaussette
est beaucoup plus triste.

The Sock

An old sock
found by accident
one morning under the bed.
It waits
desperately
to be united
with its partner
forgotten
somewhere
in the wash basket
or in the bottom of the wardrobe
or perhaps even
thrown in the dustbin
because it was worn
threadbare and in holes.
Socks are useful
we dirty them
we exploit them
we despise them
and we get rid of them
without them protesting.
The life of socks
isn't always gay…
To live like a sock
is much sadder.

Sur une maison

Bien sûr, c'est par les fenêtres
que la lumière pénètre.
Et pour ceux qui habitent là,
au second,
la maison est d'abord faite
d'un hall d'entrée, d'un escalier,
d'un ascenseur
qui mène au F4 sur le palier, à gauche.
De plus, c'est sur la façade
qu'on peut lire le style,
la date de la construction
et le nom de l'architecte.
Et il ne faut pas non plus sous-estimer
le rôle du toit
sans lequel nulle maison ne sert à rien.
Oui, les superstructures ont leur importance…
Mais trop souvent
on ignore les fondations,
les obscures infrastructures,
les invisibles,
celles qui s'enfoncent dans la terre,
celles sur quoi toute la maison repose.
Pourtant, chacun sait
que pour bâtir une maison nouvelle,
mieux vaut commencer par les fondations.

On a House

Of course, light comes in
Through the windows.
And for those who live
On the second floor
The house is made, first of all,
Of an entrance hall, a staircase,
A lift
Which leads to a four-room flat on the landing, to the left.
Also, it's on the outside
You can read the style,
The date of construction
And the name of the architect.
And you mustn't underestimate either
The role of the roof
Without which no house is any good.
Yes, the superstructures have their importance..
But too often
We forget the foundations,
The obscure infrastructures,
Those that are invisible
The ones buried in the earth
The ones the whole house rests on.
All the same, everyone knows
To build a new house
It's best to begin with the foundations.

Sur la liberté

Mon ami
ne sois pas
comme la feuille
qui danse dans le vent
ne sois pas
comme le sac plastique
emporté par la bourrasque
qui s'envole et s'en va,
en hésitant,
au-devant de nous
dans la rue,
de-ci, de-là,
le sac transparent
qui monte et qui descend,
sans savoir pourquoi,
le sac
libre et impuissant
qui va où va le vent
qui s'échappe
et n'y peut rien
et finit
dans les bras
nus et froids
d'un arbre
accroché
à une branche
ou dans l'eau
glacée du caniveau…

On Liberty

My friend
don't be like
the leaf
which dances in the wind
don't be like
the plastic bag
carried away by the gust
which flies and heads off,
hesitantly,
above us
in the street
hither and thither
the transparent bag
which rises and falls
without knowing why
the free and powerless
bag
which goes where the wind goes
which escapes
and can do nothing
finishing
in the cold naked
arms
of a tree
attached
to a branch
or in the frozen
water of the gutter…

Mon ami
ne sois pas la feuille
ni le sac
en plastique
libre
et ivre
et impuissant
mon ami
sois le vent
oui, sois plutôt
le vent…

My friend
don't be the leaf
or the plastic
bag
free and
intoxicated
and impotent
my friend
be the wind
yes, for preference
be the wind…

Mon frère le chien

Il y a en toi quelque chose du chien
qui court les rues en battant de la queue
toujours prêt à sauter
sur le moindre bout de viande
qui passe à sa portée.
Il y a en toi
quelque chose du chien
qui ne pense qu'à manger
à dormir
à faire où on lui dit
à se tenir assis et à tendre la patte.
Il y a en toi
quelque chose du chien
toujours en mal d'amour
jaloux de sa gamelle
et prêt à se soumettre…
Oui, mon frère
il y a en toi
comme en moi
quelque chose du chien.
Alors reconnais
en toi
le chien
et tiens-le en laisse.

My Brother, The Dog

In you there is something of the dog
which runs through the streets wagging its tail
always ready to leap
on the least bit of meat
in its reach.
In you there is
something of the dog
who thinks only of eating
and sleeping
to sit or hold out his paws
when you tell him.
In you there is
something of the dog
always lovelorn
protective of its bowl
and ready to be obedient…
Yes, my brother
in you there is
as in me
something of the dog.
So recognize
the dog
in yourself
and keep it on a lead.

Gérer

Aujourd'hui
le vocabulaire de l'économie
a tout envahi.
On gère sa vie
sa carrière
ses amours
ses peines de cœur
ses enfants
son divorce
son sport favori
sa migraine
sa surcharge pondérale
son souffle au cœur
sa dépression
et son cancer
et, comble du malheur
pour les bons petits gestionnaires
que nous sommes devenus,
à la fin
infailliblement
on fait faillite.

Managing

Today
the vocabulary of economics
has invaded everything.
You manage your life
your career
your loves
your heartache
your children
your divorce
your favourite sport
your migraine
your excess weight
your heart murmur
your depression
and your cancer
and, pinnacle of happiness
for the good little managers
we've become
in the end
infallibly
we are bankrupt.

Le caillou

Tu t'es fait une tête de dur
tondue comme un caillou
une tête de caillou
car tu voudrais faire peur aux autres.
Mais c'est toi qui as peur
des autres
qui ont peur aussi
et se sont fait pareil
des têtes de caillou.
Mais avec un caillou qu'est-ce qu'on peut faire ?
Bien sûr on peut le lancer dans la vitrine
d'un bijoutier ou d'un magasin de Hi Fi
mais on risque de se retrouver au poste.
On peut aussi le jeter sur quelqu'un
ou contre un mur
et se faire mal.
En fait, le plus souvent, quand on trouve un caillou
un caillou pas trop gros, au milieu du chemin,
on lui flanque un coup de pied…
Toi, tu t'es fait une tête de dur
une tête de caillou
mais tu n'as pas la tête
aussi dure
qu'un caillou.
Et sur ta tête
lisse comme un caillou
on voudrait plutôt
passer la main
pour la caresser.
(Ce qui a le don de t'énerver).

The Pebble

You've taken on the look of a hardcase
shaven like a pebble
pebble-headed
because you want to make others afraid.
But it's you who is afraid
of others
who are also afraid
and who have also turned themselves
into pebble heads.
But what can you do with a pebble?
Of course you can throw it at the window
of a jewellery or hi-fi shop
but you risk ending up in the police station.
You can also throw it at someone
or against a wall
and hurt yourself.
In fact, most often, when you find a pebble
a pebble of medium size, in the middle of your path
you give it a kick…
Yes, you've taken on the demeanour of a hardcase,
a pebble head
but your head
isn't as hard
as a pebble.
And on your head
smooth as a pebble
people would like to
place their hand
to caress it.
(Which will annoy you).

Laisse-donc pousser l'herbe
sur la surface lunaire, froide et grise
de ton caillou
et on verra
peut-être même
Ô miracle
au milieu
des fleurs s'épanouir.

Let grass grow
on the moonlike surface, cold and grey
of your pebble
and people will see
perhaps
O miracle
flowers bloom
in the middle.

L'appel des sapins

Sapins, mes frères,
vous gisez sur le trottoir
alignés côte à côte,
ficelés comme des vaincus,
entassés les uns sur les autres,
prisonniers privés de parole,
rois captifs,
esclaves à la peau verte
(extra-terrestres
nos camarades étrangers).
Demain,
pour un soir,
vous brillerez de tous vos feux,
au chaud, dans les maisons,
et jetterez au nez de l'hiver
un peu de poudre dorée.
Puis, on vous descendra
dans le local poubelle…
Mais pour l'instant,
couchés sur le bitume
mouillé et noir,
ambassadeurs souverains des forêts,
conifères cunéiformes,
vous dégagez à chaque carrefour
une senteur puissante,
étrangère à la ville,
venue d'ailleurs,
qui force le citadin pressé,
à ralentir le pas
et à respirer.

The Call of the Fir Trees

Fir trees, my brothers,
you live on the pavement
in a line, side by side,
bound like the vanquished,
piled on top of one another,
prisoners deprived of speech.
Captive kings,
slaves with green skin
(extra-terrestrials
our foreign comrades)
tomorrow
for one evening,
you will burn with all your fire,
into the warm, in houses,
and will cast into winter's face
a little golden powder.
then, you will be tipped
into the nearby dustbin.
But for the moment
lying on the bitumen
wet and black,
sovereign ambassador of the forests,
cuneiform conifers
at every crossroads you give off
a powerful odour
unknown in the town
come from nowhere
which forces the hurrying citizen
to slow his step
and breathe.

S'éclater

« On va s'éclater ! », dit-elle
en allant faire la fête.
« On va s'éclater ! », dit-il
allumant un pétard
pour être bien,
pour s'oublier.
Feu d'artifice
la belle bleue !
soleil de nuit
comme un éclair
passe bien vite
et puis après
le corps, le cœur
quelques poignées
de confetti
décolorés
disséminés
dans la poussière.
Est-ce là
le bonheur ?

Blow Out

'We're going to have a blow out,' she says
going to the party.
'We're going to have a blow out,' he says
lighting a banger
to feel good
to forget himself.
firework
beautiful blue!
night sun
like lightning
passes very quickly
and then after
the body, the heart
a few handfuls
of confetti
faded
scattered
into the dust.
is that
happiness?

L'œillet

Un œillet fraîchement décapité
est posé sur le tableau de bord.
– Il poussait près de la vieille maison
Patricia l'a cueilli juste avant le départ.
Dans les plis de son jupon
rouge de sang cisaillé
il cache une odeur que j'avais oubliée,
une odeur légère, libre et poivrée,
une odeur andalouse, amazone et brigantine
que jamais n'auront les fleurs des élevages.
Un œillet des martyrs et des révolutions,
Un œillet des résurrections,
longtemps lui survit le souvenir de son parfum.
(Même quand il aura disparu
je le porterai à la boutonnière.)

Carnation

A carnation newly beheaded
and placed on the dashboard.
It was growing by the old house
Patricia picked it just before we left.
In the folds of her skirt
blood-red cutting
it hides a scent I'd forgotten
a light scent, free and peppered,
an Andalousian, Amazonian and Brigantine scent
which cultivated flowers never have.
Carnation of martyrs and revolutions
carnation of resurrection,
the memory of its odour will long outlive it
(even when it has disappeared
I wear it in my buttonhole).

Pensée profonde en cueillant des framboises

Absorbé à cueillir une framboise
que je dispute à un perce-oreille
en détachant délicatement de son pistil blanc
le cône de chair violacée et parfumée
dont je compte me délecter
ou offrir à un enfant
me vient une pensée profonde :
jeune homme
alors qu'on a toute la vie devant soi
on est souvent pressé, trop pressé
pour perdre son temps
à ce genre de choses.

Plus tard
quand on a beaucoup moins de temps
on craint moins de le perdre
car on sait que le temps perdu
à goûter aux choses les plus simples de la vie
est autant de temps gagné.

Profound Thought While Gathering Raspberries

Absorbed in picking a raspberry
I'm fighting over with an earwig
delicately pulling from its white pistil
the purplish-blue and flavoursome fleshy cone
I expect to delight in
or give to a child
a profound thought came to me:
as a young man
with all your life before you
you are often busy, too busy
to waste your time
on such things.

Later
when you have much less time
you fear wasting it less
because you know that time wasted
tasting the most simple things in life
is so much time gained.

La tête dans les nuages

Il y a dans le ciel
  à nouveau bleu
de superbes cumulo
              -nimbus
frais et doux
    comme des oreillers
où reposer sa tête.
(Pour cela
il suffirait
   d'être
       quelque chose
            comme Dieu.)
Ce matin,
dans l'humeur où je suis,
je serais assez d'accord
              pour accepter la place…
Mais il ne faudrait pas que ça dure.
Car, à voir
ce qui se passe sur Terre,
je ne sais pas si je pourrais
éternellement
     rester là-haut,
à roupiller
au milieu des nuages.

Head in the Clouds

In the sky
   blue once more
there are superb cumulo
                          -nimbus
fresh and soft
   like pillows
where you can lay your head.
(For that
you need only
    be
        something
            like God.)
This morning
in my present mood
I would be fairly willing
                       to accept the place…
but it wouldn't have to last.
Because, to see
what happens on Earth
I don't know if I could
stay there
      eternally
snoozing
amidst the clouds.

Haï ku du printemps

Ainsi
année après année
à chaque printemps
le vieux pommier
se couvre de jeunes fleurs.

Spring Haiku

So
year after year
every spring
the old apple tree
is covered in young flowers.

De l'unité et de la diversité

Dans le jardin des voisins
alignées côte à côte
comme des enfants dans un dortoir,
et bien protégées sous la couverture
de leurs petits monticules
de terre grise et sablonneuse,
poussent les asperges.
À les observer d'un peu près
(une fois que le jardinier les a tirées du sol)
chacun peut constater
que les asperges,
toutes les asperges de la Terre,
sont
différentes
les unes des autres
et en même temps semblables
uniques et identiques.
Comme les hommes
(tous les hommes de la Terre).

Of Unity and Diversity

In the neighbour's garden
laid out side by side
like children in a dormitory
and well protected beneath the cover
of their little hillocks
of grey and sandy earth
asparagus grow.
To see them close at hand
(once the gardener has pulled them from the ground)
anyone can recognise
that asparagus
every asparagus on earth
is
different
from every other
and at the same time similar
unique and identical
like people
(all the people of the Earth).

Le plant de haricot

Tu dors dans le lit
vert tendre
de ta cosse
en compagnie de tes frères
accrochés tout le long de ta housse
par la peau du dos.
La lumière du jour
te parvient filtrée
à travers la paupière fermée
de ton enveloppe maternelle.
Tu peux toujours
croire aux contes
qu'inventent les hommes
sur l'existence dans un pays lointain
du Haricot Géant
(le dieu des haricots…)
Mais toi,
dans ta nacelle,
tu ne monteras pas
jusqu'en haut du ciel
juste
en te balançant
rêveur
sur ta tige
qui s'enroule amoureuse
au cou de ton tuteur.
Mais,
comme les humains,
en silence tu travailleras,
tu pousseras
sur la Terre
tu grandiras
et te dépasseras.

The Bean Plant

You sleep in the bed
tender green
of your husk
in the company of your brothers
hung along your covering
by the skin of your back.
the light of day
comes to you filtered
through the closed eyelid
of your maternal envelope.
you can always
believe in the stories
men invent
about the existence of a distant country
of the Giant Bean
(the god of beans…)
But you,
in your container
you won't rise
to the sky
just
by balancing
dreamer
on your stem
which wraps itself lovingly
round the neck of your support
but,
like humans,
you will work in silence
you will grow
on the Earth
you will grow
and surpass yourself.

Les rosacées

La rose et la pomme
la prune, la poire
et la cerise
malgré leurs différences
font toutes partie
de la grande famille
des rosacées.

Nous aussi
malgré nos différences
classés entre les pages de l'herbier humain
nous faisons partie de la même famille
botanique et famélique.

Rosaceae

The rose and the apple
the plum and the pear
and the cherry
in spite of their differences
are all part
of the large family
of rosaceae.

We too
in spite of our differences
classed between the pages of the human herbarium
we are part of the same
botanical and half-starved family.

Les espadrilles

Vous êtes posées sur le seuil de la maison
près de la salle de bain et des cabinets
(On vous a oubliées là toute la nuit)
côte à côte, dans votre robe noire
deux vieilles filles,
deux veuves
immigrées d'un village
du fin fond de Espagne
du Portugal ou du pays basque.
Toute votre vie
vous avez travaillé
sans rien dire.
Vous n'avez jamais relui.
Jamais personne
ne vous a ciré les pompes.
Aujourd'hui
on a failli vous jeter.
Accusées de sentir le moisi,
ou la vieille corde.
Odeur de l'espadrille.
Pourtant
vous acceptez de chausser mes vieux pieds
et de les porter jusqu'à la plage.
Vous êtes trop bonnes
Ô espadrilles…
J'aimerais vous imaginer
républicaines
et je formule en secret un vœu
pour la formation
d'un Front de Libération
des espadrilles.

Espadrilles

You are set on the doorstep
near the bathroom and the toilet
(you've been forgotten there overnight)
side by side in your black dress
two spinsters
two widows
immigrants from a village
from the depths of Spain
Portugal or the Basque country.
All your life
you have worked
without saying anything.
You never shine.
No one has ever
soft-soaped you.
Today
you were nearly thrown away.
Accused of smelling of mould
or old rope.
Odour of flip-flop.
However
you agree to shod my old feet
and bear them to the beach.
You are too good
O espadrilles…
I would like to think of you
as republicans
and I formulate a secret vow
to form
the Espadrille
Liberation Front.

Haï ku d'un soir déraisonnable

Je titube un peu
et lève les yeux vers le ciel…
La lune est pleine
et moi aussi.

Haiku on an Unreasonable Evening

I stagger a bit
and look up at the sky…
the moon is full
and so am I

Sur un cendrier

offert à celle qui voulait s'arrêter de fumer

Voici un cendrier
ma tendre
où laisser reposer
en paix
tes cendres.

On an Ashtray

offered to one who wanted to stop smoking

Here is an ashtray
my love
where your ashes
can rest
in peace

Le congrès des oiseaux

J'ai assisté au Congrès des oiseaux
qui se tenait dans le noyer.
À la fin de leurs débats
ils se sont dispersés
à la volée dans le ciel d'hiver
et je n'ai pas su
ce qu'ils avaient décidé.
Peut-être
ont-ils approuvé
à l'unanimité
une motion proposant
de continuer
à faire les oiseaux,
voler
toute la journée
pour trouver de quoi manger
et aussi
de temps en temps
malgré tout
siffler.

The Parliament of Birds

I went to the parliament of birds
which was held in the walnut tree.
At the end of their debates
they took flight
dispersing in the winter sky
and I didn't know
what they had decided.
Perhaps
they approved
unanimously
a motion proposing
to continue to
have fledglings
to fly
all day
to find something to eat
and also
from time to time
in spite of everything
to sing.

Sagesse

Alors,
parce que la rose meurt
la vie serait absurde ?

Mais meurt la rose
et vit le rosier.

Wisdom

So,
because the rose dies
is life absurd?

But the death of the rose
is the life of the rosebush.

Je et l'autre

L'autre est un Je
et il est Nous.
Il est elle
et elle est aussi Je.
Nous sommes tous les autres…
Tous uniques
et tous
si peu différents…

Beaucoup de Je
Si peu de Nous…

I and the Other

The other is an I
And he is Us.
He is She
And She is also I.
We are all others…
All unique
And all
So alike…

Much I
So little We…

Le pissenlit

Entre les cailloux
    Sur un sol déshérité
Sans personne
    pour s'occuper de lui
Vaillamment
    Frêle
Mais droit
    jaune
    tonitruant
Né de mère inconnue
misérable
    graine
à l'écart
    estafette
avancée
    d'un peuple
infini
répandu
sur la terre
    à l'avant-garde
pousse
    un pissenlit.

The Dandelion

Between the stones
   on an abandoned site
with no one
   to care for it
valiantly
   frail
but upright
   yellow
   thundering
born of an unknown mother
miserable
   outsider
seed
   advanced
courier
   of people
infinitely
widespread
over the earth
   in the avant-garde
grows
   a dandelion.

Le bon conseil

Beaux enfants de la planète Terre
marchez sur la Terre
sautez sur la Terre
dansez sur la Terre
mangez, buvez, riez,
battez-vous et embrassez-vous,
aimez-vous sur la Terre,
roulez-vous sur la Terre
et faites-y l'amour.
Puis, si vous êtes fatigués,
couchez-vous et dormez sur la Terre
avant que vienne l'heure
de vous coucher dessous
pour y dormir toujours.

The Piece of Good Advice

Beautiful children of planet earth
walk on the earth
jump on the earth
dance on the earth
eat, drink, laugh
fight and kiss,
love on the Earth
roll on the Earth
and make love there.
then, if you are tired
lie down and sleep on the Earth
before the time comes
to lie beneath it
and sleep forever.

**POÈMES
POLITIQUES**

POLITICAL POEMS

Entre nous, pas de politique

Généralement
ceux d'en haut n'aiment pas que ceux d'en bas
se mêlent de leurs affaires
et – comme ces choses-là sont bien faites –
généralement, ceux d'en bas
préfèrent ne pas se mêler
des affaires de ceux d'en haut…

Ainsi, tout peut continuer comme si de rien
 n'était
et le haut et le bas peuvent rester à leur place.

Between Us, No Politics

Generally
the high-ups don't like the low
to meddle in their affairs
and – as these things are neatly arranged
generally, the low
prefer not to get involved
in the affairs of the high-ups…

Thus, everything can go on as if
    all is well
and the high-ups and the low can stay in their places.

Avis de recherche contre le capitalisme

Il est âgé de plus de deux cents ans
(mais sa famille est beaucoup plus ancienne)
Il a mis le monde à feu et à sang
(bien qu'il agisse toujours au nom du progrès).
La plupart connaissent le nom du coupable
(mais peu imaginent pouvoir s'en débarrasser).
Il change tout le temps de visage et de nationalité
(signe distinctif :
on le trouve toujours où il y a de l'argent à faire).
C'est un tueur en série.
Il utilise toutes les méthodes :
trafic d'armes, de drogues, de nourriture,
d'idées ou d'aide humanitaire…
Il a toujours su s'adapter, mais il est incorrigible.
Tous les efforts pour l'amender ont fini par échouer.
À plusieurs reprises, on a cru le maintenir en garde à vue
mais chaque fois il s'est fait libérer sous caution.
On lui a plusieurs fois coupé la tête
mais, comme pour l'Hydre de l'Herne, elle a repoussé.
(En fait, son corps était encore entier.)
Pourtant, il n'est pas invincible
et tôt ou tard il sera tué
car notre survie
dépend de son élimination.

Capitalism: Wanted Dead or Alive

It's more than two hundred years old
(but its family is much older)
It turned the world upside down
(although it always acts in the name of progress).
Most people know who is guilty
(but few think they are able to shake free)
It changes its face and its nationality all the time
(distinctive sign:
you always find it where money can be made).
It's a serial killer.
It uses all methods:
trade in drugs, arms, food
ideas or humanitarian aid…
It has always known how to adapt, but it is incorrigible.
All the efforts to amend it have failed.
Several times, people believed they had it under lock and key
But every time it escaped without a caution.
It's had its head cut off several times
but, as for the Hydra of Lerna, it grew back.
(In fact, its body was still intact.)
However, it isn't invincible
and sooner or later it will be killed
because our survival
depends on its elimination.

Le fléau du chômage

Le café du matin passe dans le filtre.
La radio annonce que
(en données corrigées des variations saisonnières)
le nombre des chômeurs
ce mois-ci
a encore augmenté.
Se cachant dans les recoins les plus sombres de la ville
le fléau ne cesse de progresser.
Les derniers experts
envoyés pour le combattre
en cuirasse rutilante de chiffres
et qui nous avaient annoncé
qu'ils reparaîtraient
avec sa tête dans un sac
ne sont pas revenus.
Ils ont dû à leur tour
se faire dévorer.
Depuis de nombreuses années déjà
il fait régner la peur dans la cité.
On ne s'aventure plus guère dans les rues
à revendiquer.
Chacun reste chez soi
ou empaqueté dans un carton
sous l'arche d'un pont.
Un certain ordre se maintient
qui fait l'affaire des plus puissants.
Au point que ces derniers temps le soupçon est né
que les maîtres qui prétendent exterminer
le dragon
en cachette
lui font porter à manger
pour le garder en vie
aussi longtemps que possible.

The Plague of Unemployment

The morning coffee runs through the filter.
The radio announces that
(in figures adjusted for seasonal variations)
the number of unemployed
this month
has increased again.
Hiding in the darkest corners of town
the plague doesn't stop its progress.
The latest experts
sent to fight it
in a shining breastplate of statistics
having announced to us
they will reappear
with its head in a sack
didn't come back.
They must, in their turn,
have been devoured.
for several years now
it has brought fear to the city.
People no longer take their demands
into the street.
Everyone stays at home
or packaged in cardboard
beneath the arch of a bridge.
A certain order remains
which serves the needs of the most powerful.
to the point that nowadays the suspicion is born
that the masters who claim to exterminate
the dragon
bring it food
in secret
to keep it alive
as long as possible.

Car le chômage
(avant d'être une catastrophe)
est une politique.

Because unemployment
(before being a catastrophe)
is a policy.

Guerre du Golfe

John, un petit gars du Minnesota
creuse sa tranchée
dans le sable du désert.
À force de creuser comme ça
il va se retrouver
de l'autre côté de la Terre,
dans un cimetière,
au Minnesota.

The Gulf War

John, the little bloke from Minnesota
is digging his trench
in the desert sand.
If he keeps digging like that
he's going to find himself
at the other side of the world
in a cemetery
in Minnesota.

Étiologie des parasites

Amibes, bactéries, vers, algues,
anophèles ou fongiformes
cestodes, nématodes, trématodes,
arthropodes, acanthocéphales,
helminthes, mallophages, tréponèmes,
aristoloches et aristocrates,
acariens, financiers,
poux et policiers…
Il y a sur Terre toutes sortes de parasites
qui s'accrochent à leurs hôtes
pour pomper leur sève,
leur sang, leur chlorophyle
ou leur argent…
Les parasites sont nombreux et dangereux
mais ils sont minoritaires.
Ils aimeraient passer pour indispensables
mais ce sont eux qui ont besoin des autres ;
lesquels sans eux vivraient beaucoup mieux.
Il est rare que l'animal ou la plante infesté
spontanément parvienne à se débarrasser
de son parasite familier.
Il est encore plus rare
qu'après discussion
le parasite en question s'en aille de son plein gré.
Pour en finir avec les parasites,
il n'y a pas d'autre moyen qu'une lutte radicale
pour assainir et éradiquer.

(De nombreux exemples montrent que l'entreprise
  est malaisée
  mais pas désespérée.)

Etiology of Parasites

Amoeda, bacteria, worms, algae,
Anopheles or mushrooms,
flatworms, nematodes, flukes,
arthropods, tapeworms,
parasites, mallophaga, treponemes,
birthworts, aristocrats,
bed-bugs, financiers,
lice and policemen…
There are on earth all kinds of parasites
which cling to their hosts
to draw their sap,
their blood, their chlorophyll
or their money…
Parasites are numerous and dangerous
but they are a minority.
They would like to appear indispensable
but it's they who need others;
who without them would live much better.
It's rare that an infested plant or animal
manages spontaneously to get rid
of its customary parasite.
It is even rarer
that after negotiation
the parasite in question will leave of its own accord.
To have done with parasites
there's no other means than radical struggle
to make healthy and eradicate.

(Plenty of examples show the enterprise
  is uncomfortable
  but not hopeless.)

Épitaphe pour le XXe siècle

D'après certaines opinions avisées, il fallait s'en
   débarrasser au plus tôt.
Ce siècle inauguré sous le signe des grandes
   espérances aura finalement déçu
plus qu'il n'est raisonnable.
L'électricité, les soviets, la vitesse, l'Amérique,
   l'atome, les gènes et les étoiles
non seulement nous ont fait faux bond
mais – selon une idée généralement admise –
   nous ont conduits à l'abîme.
Il nous faut maintenant tourner la page
et partir d'un nouveau pied.
Ce siècle, nous l'avons enterré à la sauvette,
   dans le cimetière public,
sous les phares des projecteurs de la télévision.
Puis, nous avons quitté sa chambre, au dernier
   étage de l'hôtel meublé,
et nous sommes partis, sa valise à la main,
(personne n'était venu la réclamer).
Maintenant, à genoux sur le trottoir, nous essayons
   de la boucler
mais ça ne veut pas rentrer.
Un pan de chemise taché de sang s'acharne à dépasser
et, en nous penchant pour regarder de plus près,
nous pouvons apercevoir une cordée d'alpinistes
en uniformes noirs,
pas plus gros que des fourmis
qui descendent le long de la manche et filent sur
   le trottoir devant nous…

Epitaph for the Twentieth Century

According to certain well-informed voices it was necessary to
    get rid of it as soon as possible.
This century begun under the sign of great
    hopes has finally disappointed
beyond all reasonableness.
Electricity, soviets, speed, America,
    the atom, genes and the stars
not only made us take a wrong turn
but – according to a generally accepted view
    led us to the abyss.
Now we must turn the page
and set off in a new direction.
This century, we've buried it stealthily
    in a public cemetery
beneath the lights of television cameras.
Then, we left its room, on the top
    floor of the hotel
and we disappeared, its suitcase in our hand,
(no one came to claim it).
Now, kneeling on the pavement, we try
    to close it
but it won't fasten.
A blood-stained shirt-tail insists on sticking out
and, leaning forward to get a closer look
we can see roped climbers
in black uniforms,
no bigger than ants
running down the sleeve and walking along
    the pavement in front of us…

C'est qu'il y a du monde, là-dedans, qui grouille.
Des cafards qui donnent des ordres d'achat et de vente,
agents de change affairés qui continuent comme si
    de rien n'était,
pas mal de vermine qui se cache dans les plis du linge
et aussi quelques bactéries mal identifiées.
Nous ne pouvons pas partir en voyage avec ça.
Jamais ces bagages ne passeront le contrôle d'inspection
    sanitaire du futur.
Nous ne pourrons pas partir d'ici si nous ne mettons
pas un peu d'ordre dans nos affaires.
Le mieux serait – avant tout nouveau grand projet
    d'excursion dans l'espace de nos rêves et de nos
    désirs – d'ouvrir en grand cette vieille valise
    dont nous avons hérité,
de la renverser sur le trottoir,
et de faire le tri.

Janvier 2000

There are people in there, moving about.
Cockroaches who give orders to buy and sell,
money traders who carry on as if
    nothing was wrong,
lots of vermin hiding in the folds of the sheets
and also a few badly identified bacteria.
We can't go on holiday with that.
This luggage will never pass the
    future's health inspection.
We won't be able to leave here if we
don't sort out our stuff a bit
the best thing would be – before any new grand project
    to fly off into the space of our dreams
    and our desires – to open wide this old
    inherited suitcase,
    empty it on the pavement
and take our pick.

January 2000

Des propriétés physiques de l'argent

formule chimique : Ag

L'argent
(en grande quantité
et quelque soit son état physique
solide
      liquide
           gazeux
                  ou même immatériel
                      et virtuel)
constitue un milieu acide
hautement émollient
   pour la plupart des corps
   qui sont plongés dedans.
(L'apparence extérieure
   parfois reste
   à peu près la même
mais l'esprit
   même celui qui paraît trempé
dans le meilleur des aciers
   tend sérieusement
à s'assouplir
pour s'adapter
et épouser avec indulgence
la forme déjà-là du monde.)

The Physical Properties of Silver

chemical formula: Ag

Silver
(in large quantities
and whatever its physical state
solid
    liquid
        gas
            or even
                    immaterial)
constitutes a highly emollient
acid environment
   for most bodies
   immersed in it.
(The external appearance
   sometimes stays
   almost the same
but the spirit
   even that which appears soaked
in the best of steels
   tends seriously
to become supple
so as to adapt itself to
and indulgently marry
the world's pre-existing form).

Collaboration des classes

« Nous gagnons notre vie
à la sueur de vos fronts. »

Class Collaboration

'We earn our bread
In the sweat of your brows.'

Marée noire

La coque du bateau a lâché son fuel
et la marée noire vient déposer son baiser
gluant sur la côte.

Notre cargo fait eau de toute part.
Hommes et oiseaux, nous sommes englués
dans le sang pétrifié
qui saigne par les plaies
ouvertes de la Terre.

Il serait temps de se mutiner,
mettre nos officiers
aux arrêts de rigueur
ramener le navire au port,
le désarmer
et le réformer.

Black Tide

The ship's hull has released its fuel
and the black tide has just given
the coast a shining kiss.

Our cargo is leaking everywhere.
men and birds are stuck
in the petrified blood
which oozes from the Earth's
open wounds.

It's time to mutiny
put our officers
on their mettle
bring the ship back to port
disarm it
scuttle it.

Histoire abrégée des empires

1

C'est aussi pour garantir aux marchands de vin
la libre circulation de leurs amphores sur les
   routes de Gaule
(rendues peu sûres par des querelles incessantes)
que l'empire romain fit la guerre aux Gaulois.
(Mais cela, bien sûr, n'est pas dit dans César.)
Ainsi, avec leurs légions, les descendants de
   Rémus et Romulus
ont apporté la civilisation, l'ordre, la loi, et le
   sens de la discipline
militaire, qu'utilisèrent,
plus tard les Barbares
pour entrer dans Rome, mettre le feu
et se saoûler, sur la place du Forum.

2

Sur une grande partie de la planète
le Lion britannique, pendant plus d'un siècle,
a mis des peuples entiers dans l'eau bouillante,
   à tremper,
pour que son thé infuse.
Mais ayant acquis le sens de l'étiquette
les peuples en question, à la fin, l'ont congédié.

3

Pour maintenir son empire, la république française
   a fait couler
beaucoup plus de sang que de champagne
tout en enseignant aux petits colonisés la
   meilleure façon d'ânoner :
Liberté – égalité – Fraternité…
et ceux qui ont retenu la leçon
l'ont combattue.

A Brief History of Empires

1

It was also to guarantee wine merchants
the free circulation of their jars on
    the roads of Gaul
(made insecure by incessant quarrels)
that the Roman Empire made war on the Gauls.
(But this, of course, isn't in Caesar.)
Thus, with their legions, the descendants of
    Romulus and Remus
brought civilization, order, law, and
    a sense of military
discipline used
later by the barbarians
to enter Rome, set fire
and get drunk, on the square in the Forum.

2

Over a large part of the planet
the British Lion, for more than a century,
put entire peoples to soak
    in boiling water,
to brew their tea.
But having learned etiquette
the people in question, in the end, sent it packing..

3

To maintain its empire, the French Republic
    made more blood
than champagne flow
while teaching the colonised the
    best way to enunciate:
Liberty, Equality, Fraternity…
and those who learned the lesson
fought back.

4
Au nom de leur liberté
(et pour le contrôle de l'or noir)
les Etats-Unis d'Amérique
mettent le feu à la planète
et noient le monde dans un acide nommé Coca
(dont la formule doit rester secrète).
à leur tour
ils seront défaits
par ceux qui luttent
pour leur liberté.

4

In the name of their freedom
(and to control the black gold)
the United States of America
set the planet on fire
and drowned the world in an acid called Coca
(whose formula must remain secret).
in their turn
they will be defeated
by those who struggle
for their liberty.

Origami occidental

écrit un jour d'ennui, en tenant un bureau de vote

Mystérieux rituel occidental :
dans l'isoloir
consciencieusement
plier un petit bout de papier
le glisser dans l'enveloppe
le déposer dans une urne
puis attendre sagement
plusieurs années
(et généralement en vain)
qu'une fois dépliée
sa voix s'envole
se mette à chanter
et se fasse entendre.

Western Origami

written on a day of boredom while sitting in a polling station

Mysterious western ritual:
in the polling booth
conscientiously
folding a little bit of paper
slipping it in the envelope
putting it in the ballot box
then waiting dutifully
for several years
(and generally in vain)
so once unfolded
their voice
takes flight
and makes itself heard.

L'empire attaque

On a beau se frotter les yeux
devant la télévision
le mauvais rêve ne passe pas.
Comme dans les films de science-fiction made in USA
l'empire attaque
et ses missiles de croisière ne tombent pas
dans une autre dimension
mais sur notre monde
où ils tuent des hommes, des femmes et des enfants…
Et pourtant,
il suffirait peut-être
que tous les peuples de la Terre
se frottent les paupières et ouvrent les yeux
pour que – pareils à une vague sur la plage –
passant la main sur le visage du monde,
ils effacent l'empire
comme un château de sable.

The Empire Attacks

Futile to rub your eyes
in front of the television
the bad dream doesn't disappear.
Like science-fiction films made in the USA
the Empire attacks
and its cruise missiles don't land
in another dimension
but in our world
where they kill men, women and children…
And yet
all that would be needed perhaps
would be for all the people of the Earth
to rub their eyelids and open their eyes
so that – like a wave on the beach –
passing their hand over the world's face
they wipe out Empire
like a sand castle.

Retour du religieux

« Seigneur
(ou quel que soit Votre nom),
vos croyants
sont incroyables… »

The Return of the Sacred

'Lord
(or whoever you might be),
your believers
are unbelievable…'

Étrennes

Les enfants de Bagdad
qui n'avaient rien commandé
pour leurs étrennes ont reçu
des jouets
télécommandés,
made in USA,
très coûteux,
ultra-modernes,
hyper-sophistiqués
et
à l'effet
proprement
foudroyant.

Presents

The children of Baghdad
who asked for nothing
as presents received
remote-controlled
toys
made in the USA
very expensive,
ultra-modern,
hyper-sophisticated
and
appropriately
devastating
in their effects.

Les grands européens

Julius Caesar – qui mit à la raison les tribus gauloises, anarchistes et indisciplinées
fut un grand Européen.
Mais il eut des problèmes avec son fils.
Charlemagne – contrairement à ce que dit la legend s'allia à des seigneurs musulmans pour combattre des barbares basques et chrétiens et se fit couronner empereur à Rome
mais il fut lui aussi un grand Européen.
Il a construit un empire dont la capitale était en RFA
et que ses rejetons n'ont pas été fichus de garder.
Charles Quint qui contrôla la moitié de l'Europe, en fut un autre.
Il visait la monarchie universelle et aimait à dire que le soleil ne se couchait jamais sur l'empire espagnol…
Pourtant il s'est couché.
Napoléon qui a libéré les peuples à coups de canon, imposé le Code civil et fait triompher la révolution bourgeoise mais trahi la république, fut un autre grand européen.
(Mais il fut défait par la perfide Albion, l'hiver de Russie et les princes coalisés).
Puis ce fut Hitler, un autre grand européen, qui avec l'aide de la Wehrmacht, de la Gestapo et des barons de l'industrie réalisa enfin *die Grosse Europa*.
Mais son empire qui devait durer mille ans s'effondra au bout de quatre années de guerre.

The Great Europeans

Julius Ceasar who brought reason to the gallic
    anarchistic and undisciplined tribes
was a great European.
But he had problems with his son.
Charlemagne – contrary to legend – made an
    alliance with Muslim lords to
    fight the Basque and Christian barbarians
    and had himself crowned emperor in Rome
but he too was a great European.
He built an empire whose capital was in the GDR
and that his offspring weren't up to keeping
Charles V who controlled half of
    Europe was another.
He aimed at universal monarchy and liked to say
    that the sun never set on
    his Spanish Empire.
All the same, it collapsed.
Napoleon who liberated peoples by cannon shot,
    imposed the Civil Code and brought triumph
    to the bourgeois revolution but betrayed the Republic
    was also a great European.
(but he was defeated by perfidious Albion
    the Russian winter and a coalition of princes).
Then it was Hitler, another great European, who
    with the help of the Wehrmacht, the Gestapo and
    the captains of industry created at last *die
    Grosse Europa.*
But his empire, supposed to last a thousand years
    fell after four years of war.

Enfin, vinrent Monnet, Adenauer, Pompidou,
 Mitterrand, Kohl, Berlusconi, Chirac, Blair,
 Schröder et, le plus grand de tous, Giscard,
 qui avec l'aide des banquiers de la BCE, des
 commissaires et des experts de Bruxelles,
 réussirent là où leurs éminents prédécesseurs
 avaient échoué.
Ils assureront le triomphe, dans les siècles et les
 siècles, de la démocratie de marché et de la
 concurrence non faussée.
Ce sont les Grands Européens, de vrais géants
 qui se sont mis en marche et que les peuples
 sidérés suivent avec admiration.
Qui le nierait
 ne saurait être un Européen.

Finally, came Monnet, Adenauer, Pompidou,
    Mitterand, Kohl, Berlusconi, Chirac, Blair.
    Schröder, and the greatest of all, Giscard
    who with the help of the ECB bankers
    commissioners and Brussels experts,
    succeeded where their eminent predecessors
    had failed.
They will guarantee the triumph for centuries and
    centuries of market democracy and
    unimpeded competition.
These are Great Europeans, real giants
    who got things moving and who
    the dazed people follow with admiration.
Who denies it
    cannot be a European.

Antisémitisme

Chaque bombe israélienne
qui tombe sur un pont
une maison, une école, une laiterie
un port ou un hôpital
chaque bombe israélienne
qui tombe
sur les enfants de Palestine ou du Liban
enfonce
un peu plus profondément dans le sol
la tête de l'enfant
mort dans le ghetto.

Antisemitism

Every Israeli bomb
which falls on a bridge
a house, a school, a dairy
a port, a hospital
every Israeli bomb
which falls
on the children of Palestine or Lebanon
buries
a little deeper in the earth
the head of the child
dead in the ghetto.

La porte

Fermée,
elle ne fait pas de bruit.
(ouverte non plus
    d'ailleurs)
Le problème
c'est quand on l'ouvre…

(Et pourtant
il faut l'ouvrir.)

The Door

Closed
it makes no noise.
(Open neither
　anyway)
The problem
is when you open it…

(And all the same
you have to open it.)

De la théorie

Pour apprendre à nager
inutile de répéter
à plat-ventre sur une chaise
ou à haute-voix dans son lit
ou sa voiture
les gestes de la brasse.

Mieux vaut oublier le manuel
et se jeter à l'eau.

(Mais une fois dans l'eau,
pour tenir et aller plus vite,
il est préférable d'apprendre les bons
    mouvements.)

Theory

To learn to swim
it is useless to repeat
flat on your belly on a chair
or out loud in your bed
or your car
crawl moves.

Better to forget the manual
and throw yourself in.

(But once in the water
to keep up and go faster
it's better to learn the
      right movement.)

À propos des divergences

Il paraît qu'il y a environ trois millions d'années
l'ancêtre de notre ancêtre, l'australopithèque,
a commencé à faire sécession
et à se séparer
de la grande famille primitive des primates
dont sont aussi issus
les pongidés
(chimpanzés, gorilles et orang-outans)
pour suivre une évolution divergente.
Grâce à quoi nous avons connu
l'homo habilis
l'homo erectus
l'homo sapiens
et même l'homo sapiens sapiens
(que, pour l'instant, nous n'avons pas encore dépassé).
Ceci pour dire à certains camarades qui nous critiquent
et nous traitent de diviseurs
que les divergences
parfois
sont utiles.

On Divergence

It seems that about three million years ago
our ancestor's ancestor, Australopithecus
began to secede
and to separate itself
from the great primitive family of primates
from which came
the pongidae
(chimpanzees, gorillas and orang-outans)
to follow a divergent evolution.
Thanks to which we had
homo habilis
homo erectus
homo sapiens
and even homo sapiens sapiens
(which, for the moment, we haven't surpassed).
This is to say to certain friends who criticise us
and treat us as splitters
that divergencies
are sometimes
useful.

Le parti se renforce en s'épurant

sur une idée de Bob Dixon

1

Ils étaient nettement plus d'une dizaine
quand ils ont créé leur tendance
et de vastes perspectives s'ouvraient à eux.

2

Mais bientôt,
face au développement impétueux des luttes de classes
des divergences sont apparues quant à la stratégie.

3

Lors du Congrès extraordinaire
pour donner un nouvel élan à l'activité
les cinq délégués présents
après mûre réflexion
ont enfin décidé de rompre avec la majorité réformiste
pour fonder le parti.

4

Quelques temps plus tard,
suite à un débat approfondi
lors duquel les positions révolutionnaires
se sont encore renforcées
deux sont partis.
(Ils ont constitué
l'organisation révolutionnaire unifiée
mais d'eux, on n'entend plus guère parler.)

5

Un autre a déménagé
(ce fut un coup dur porté au mouvement).

The Party Gets Stronger by Purging Itself

based on an idea from Bob Dixon

1

They were a good dozen
when they created their tendency
and vast perspectives opened before them.

2

But soon,
faced with the impetuous development of class struggle
divergences appeared concerning strategy

3

At the special Congress
to give new impetus to their activity
the five delegates
after long thought
finally decided to break with the reformist majority
to establish the party.

4

A little later
after a thorough debate
during which the revolutionary positions
were further strengthened
two left.
(They set up
the United Revolutionary Organisation
but no one hears of them any more)

5

Another moved away
(it was a hard blow for the movement)

6

Un autre restait
qu'il a fallu exclure
(pour sectarisme, semble-t-il).

7

Quand il s'est retrouvé tout seul
le camarade dirigeant
est arrivé à la conclusion
qu'il était enfin temps
de mettre sur pied la nouvelle Internationale.

6
Another stayed
who had to be excluded
(for sectarianism, it seems)

7
When he found himself alone
the comrade in charge
arrived at the conclusion
that it was time at last
to establish the new International.

Vive la disparition des espèces menacées !

Lors de la convention internationale sur le
commerce des espèces menacées
qui vient de se tenir à Bangkok
les représentants de 178 pays ont pris
officiellement acte
du décès de six espèces animales :
le tigre de Tasmanie
le kangourou-rat du désert
le wallaby à queue cornée
et le renard volant de l'île de Percy.
Ils ont disparu sans que la face du monde
apparemment en soit changée.
Plusieurs autres sont en danger :
le caracara de Guadalupe
la chouette à joues blanches de Nouvelle Zélande
ainsi que le tigre et le léopard de l'Amour.
(Ce que, personnellement, nous regretterons ;
principalement pour leur nom.
Mais le fleuve Amour, pour l'instant, lui,
n'est pas menacé de disparition).
Sont aussi menacés les diables de Tasmanie.
(Un peu par leur faute en vérité
car ils se battent entre eux pour la nourriture
et leur morsure provoque des tumeurs au visage
qui les déciment.)
D'après les dernières études scientifiques
d'autres espèces aussi peu sympathiques,
tels le loup gris argenté, le tigre altéré de sang,
leur cousin le vampire,
le chacal, la hyène,
la sangsue
et le requin bagué
quant à eux survivent jusque dans les bureaux feutrés
de nos grandes cités.

Long Live the Disappearance of Threatened Species

At the time of the international convention
on the trade in threatened species
which has just taken place in Bangkok
the representatives of 178 countries
took official action
over the death of six species:
the Tasmanian tiger
the desert rat-kangaroo
the horny-tailed wallaby
and the flying fox of Percy island.
They disappeared without the face of the earth
it seems, undergoing any change.
several others are in danger:
the Guadaloupe caracara
the white-cheeked New Zealand owl
as well as the tiger and the Amur leopard
(which, personally, we will miss
principally for their names.
But the river Amur for the moment
isn't threatened with disappearance).
Also threatened is the Tasmanian Devil
(a bit it's own fault to tell the truth
because they fight one another for food
and their bite brings face tumours
which decimate them.)
According to the latest scientific research
other sympathetic species
such as the silver grey wolf,
the blood-thirsty tiger
their cousin the vampire, the jackal, the hyena,
the leech,
and the ringed shark
as for them they survive even in the carpeted offices
of our great cities.

(Mais, fort heureusement,
à plus ou moins long terme,
eux aussi sont menacés.)

(But, thankfully
they too, over the more or less
long term are threatened.)

Sélénites et terriens

Assis au milieu des nuages
les brillants et efficaces hommes d'affaires de la
    galaxie financière
achètent et revendent des châteaux en Espagne,
tirent des plans sur la comète
et prennent des options sur les futurs bénéfices
dans la production industrielle
des croissants de lune…
Mais, quand leurs édifices au milieu des étoiles
s'effondrent comme châteaux de cartes
et qu'il faut passer à la caisse,
ils se tournent vers les peuples,
ces doux rêveurs,
qui vivent et travaillent ici-bas,
sur la Terre
pour les faire payer.

Selenites and Earthlings

Sitting amidst the clouds
the brilliant and efficient businessmen
    of the financial galaxy
buy and resell castles in Spain,
make plans for the comet
and take options on the future profits
from the industrial production
of the phases of the moon…
But, when their buildings in the middle of the stars
collapse like a house of cards
and it's time to go to the till
they turn to the people,
those gentle dreamers
who live and work here below
on Earth
to make them pay.

Conscience de classe

Ressentir l'injustice
dont tu es la victime,
quand tu en es victime,
cela tu le peux.
(C'est à la portée de tous.
Même le chien
quand tu fais mine de le frapper
s'écarte et se rebiffe.
encore qu'il y ait, me diras-tu, des humains
qui ne se rebiffent pas…)
Ressentir l'injustice
quand les autres en sont victimes
cela aussi, tu le devrais…
(à condition bien sûr
que tu ne sois pas toi-même un chien).
Mais comprendre les causes de l'injustice,
savoir d'où viennent les coups,
pourquoi,
comment les parer,
et comment frapper à ton tour,
cela,
il te faudra l'apprendre.

Class Consciousness

To feel the injustice
you're the victim of
when you are a victim
is something you can do.
(Everyone can do it.
Even your dog
when you pretend to hit
pulls away and bristles.
Yet there are, you'll tell me, people
who don't…)
To feel injustice
when others are its victims
that too, you should do….
(assuming, of course,
you're not a dog yourself).
But understanding the causes of injustice
to know where the blows come from,
why,
how to fend them off
and how to hit back,
that,
you will have to learn.

La complainte du trader

Je travaillais à la City.
Dans ma partie, j'étais un bon,
connu pour ma ténacité.
Mon job c'était : lever des fonds ;
placements risqués, actions, hedges funds…
La Bourse pour moi n'a pas d'secrets.
Jouer, c'était mon kiff, au fond…
Je suis trader, c'est mon métier.
Je peux le dire, sans me vanter,
j'ai gagné des paquets de blé.
Et pour la banque et mes patrons,
je vous raconte pas la moisson…
achat et ventes, acquisitions
des entreprises à dégraisser.
fusions, délocalisations…
Faut de la rentabilité !

L'économie c'est une guerre.
Il faut tuer ou se faire tuer.
Pour moi, c'était mon ordinaire ;
Je savais tirer le premier.
Bien sûr parfois des salariés
se retrouvaient sur le carreau.
Mais à quoi bon crier « Haro ! »
sur nous autres les financiers ?
Moi, qu'est-ce que je pouvais y faire ?
C'est la loi du monde des affaires,
la dure loi de la City,
le prix de l'efficacité.
On a connu des moments forts,
de beaux jours de spéculation
où on s'est fait des couilles en or
en bossant pour les fonds d'pension.

The Trader's Complaint

I worked in the City.
In my section, I was good,
known for my tenacity.
My job was: to increase the funds;
risky investments, shares, hedge funds…
for me the Stock Exchange has no secrets.
Playing, that was my bag, essentially.
I'm a trader, it's my job,
I can say it, without boasting,
I earned tons
and for the bank and my bosses
I can't tell you how much…
buying and selling, acquisitions,
businesses to asset strip
amalgamations, relocations…
Profitability is all!

The economy is a war.
You have to kill to be killed.
For me, it was normal;
I knew how to shoot first.
Of course, sometimes employees
found themselves high and dry.
but what's the good of getting on your high horse
with us financiers?
Me, what could I do?
it's the law of the business world
the hard law of the City
the cost of efficiency.
We experienced tough times,
great speculative days
when our balls turned to gold
working for pension funds

On a connu la belle époque
du crédit fou, des dettes en stock.
On était junky aux subprimes ;
C'était l'bon temps, le good old time.
On a connu les grosses bulles ;
l'Internet et l'immobilier,
les nouveaux produits financiers…
On vivait comme des funambules
Nous étions des bulles de champagne
toujours plus vives et légères,
la mousse même de la Terre…
Nous avions la frite, la gagne.
J'avais choisi de vivre à Londres
pour bosser chez Lehman's Brothers.
Mais voici : soudain tout s'effondre ;
c'est la faillite pour les brokers.

Hier on nous a réunis
pour nous dire : « Vous êtes virés ;
Lehman's Brother, c'est terminé ».
La vie à Londres c'est fini.
Finie ma carrière de trader.
Fini mon loft près de Time Square.
Et à qui vendre ? Plus d'acheteurs…
Je vais aller pointer, chômeur.
Je vais rejoindre la foule inquiète
des insolvables… Ceux-là même
qui ne pouvant payer leurs traites
ont fait chuter tout le système.
(Le mal toujours nous vient des pauvres…)
God save the Bank ! l'Etat nous sauve !
Vite, que reprennent les affaires !
Et qu'à nouveau je sois trader !

We lived through the Golden Age
of crazy credit, debts in stocks.
We were hooked on sub-primes.
It was the good time, the good old days.
We experienced the big bubbles;
the internet and property,
the new financial products…
We lived like sleepwalkers
we were champagne bubbles
always livelier and light
the very froth of the Earth…
We had the dosh, the loot.
I'd chosen to live in London
to graft for Lehman Brothers.
But now this: suddenly everything collapses;
It's the end for us brokers.

Yesterday they brought us together
to tell us: 'You're sacked;
Lehman Brothers is finished.'
Life in London, it's finished.
My career as a trader is finished.
My life near Times Square gone.
And who can I sell to? No buyers…
I'm going to clock in, be unemployed
I'm going back to the worried crowd
of the insolvent… The very ones
unable to pay their bills
brought the system down.
(It's always the poor who cause the trouble…)
God Save the Bank! The State rescues us!
Let business get going again quickly!
And once more I'm a trader!

Sortie de crise

par la fenêtre

Un financier français, installé à New-York,
ayant perdu un milliard de dollars,
s'est ouvert les veines.
(Beau geste,
digne d'un patricien romain
condamné par César, le dieu vivant.
Lui a été condamné
par les dieux de la Bourse
ses collègues, ses amis, ses concurrents.)

Pendant ce temps, les autres, du haut de leurs tours,
regardent le vide sous leurs pieds
à travers la baie vitrée de leur bureau
sans se jeter par la fenêtre.
Ils préfèrent – et de loin – jeter
comme cendriers que l'on vide
les millions de salariés
qui devront payer
pour les pertes
qu'ils n'ont pas faites.

Mettons à la porte
les financiers
avant qu'ils aient passé
la planète
tout entière
par la fenêtre !

Emergency Exit

by the window

A French financier set up in New York,
having lost a million dollars
cut his wrists
(Fine gesture
worthy of a Roman patrician
condemned by Caesar, the living god.
He was condemned
by the gods of the Stock Exchange
his colleagues, friends, competitors.)

During this time, the others, from the top of their towers,
look at the emptiness beneath their feet
across the glass bay of their office
without throwing themselves out of the window.
They prefer, by far, to throw
like ashes being emptied
the millions of workers
who will have to pay
for the losses
they didn't create.

Let's show financiers
the door
before they throw
the whole planet
out
of the window!

Non, les financiers ne sont pas des huîtres

Souvent les financiers aiment la compagnie des
    huîtres – et du champagne
(à dire vrai, ils ne sont pas les seuls).
Mais si on les interroge, ils vous diront qu'ils sont
en moyenne plus intelligents que les huîtres,
qu'ils ont plus de valeur qu'une huître perlière,
et qu'ils sont plus utiles à l'économie ;
qu'ils sont même indispensables...

Pourtant, comme les huîtres
ils restent enfermés dans leur coquille
accrochés sur le rocher de leurs taux d'intérêts
sourds aux cris de détresse du peuple des poissons
et insensibles aux courants marins profonds qui
    agitent la société.
Quant aux crises financières, ils n'en tirent
guère plus de leçons que les huîtres.

Mais les financiers ne sont pas des huîtres.
Essayez d'en ouvrir un, vous découvrirez
peut-être un caillou dans les reins ou dans le cœur
Mais jamais de perle.
Et n'essayez pas de l'avaler
avec un peu de citron ou de beurre salé,
ni cru ni poché.
Mais surtout,
en dépit de la légende répandue par les financiers
    eux-mêmes,
d'après ce que savons de leur vie sexuelle
et des conditions de leur reproduction,
contrairement aux huîtres
leur capital, n'obéît pas aux lois de la parthénogénèse.

No, Financiers are not Oysters

Often, financiers love the company of
 oysters – and champagne
(to tell the truth, they're not the only ones.)
But if you ask them, they'll tell you they're
on average more intelligent than oysters
that they are worth more than a pearl oyster,
and are more useful to the economy;
that they are even indispensable…

However, like oysters
they remain closed in their shells
clinging to the rock of their interest rates
deaf to the cries of distress from the fish people
and insensitive to the deep ocean currents which
 trouble society.
As for financial crises, they learn
hardly more from them than oysters

But financiers are not oysters.
Try to open one, you'll find
perhaps a stone in the kidneys or
the heart
but never a pearl.
And don't try to swallow it
with a bit of lemon or salted butter,
neither raw nor cooked.
But above all, despite the legend spread by financiers
 themselves
According to what we know about their sex life
and the conditions of their reproduction,
contrary to oysters,
their capital doesn't obey the laws of parthenogenesis.

L'argent ne fait pas de l'argent *sui generis*.
Pour faire de l'argent, l'argent
doit prélever dans la poche des familles
et des entreprises
son intérêt sur la richesse produite par le travail.

Ainsi, peut-on conclure de notre observation
scientifique, que les financiers ne sont pas des huîtres.
Ils sont non seulement bien moins délectables
mais ils sont aussi finalement moins précieux
et surtout moins utiles à l'économie que les huîtres.
(Il n'est même pas sûr que leurs coquilles
puissent être gardées pour le compost dans
    le fond du jardin.)

Money doesn't make money sui generis.
To make money, money
must cream off from the pockets of families
and enterprises
its interest on the wealth work creates.

So we can conclude from our scientific
observations, that financiers aren't oysters.
They are not only much less tasty
but they are also finally less precious
and above all less useful to the economy.
(It isn't even certain that their shells
can be kept at the bottom of the garden
    for compost.)

La ballade du pays des interdits

pour Bernard G. Landry, dans ses quatre-vingts ans

Qui veut visiter le pays des interdits ?
Connaissant le pays, je peux vous y guider.
La liberté y est le bien le plus sacré ;
nul ne peut l'approcher, nul ne peut y toucher
car pour lui rendre hommage et pour la protéger
elle y est surveillée, enfermée, menottée.

Venez en villégiature au pays que je dis.
Ses habitants étant comme de grands enfants,
ne pensent qu'à jouer, à gambader gaiement,
innocents, immatures, et surtout imprudents.
Le gouvernement, qui est par contre prévoyant,
les garde contre eux-mêmes et leurs mauvais penchants.

Dans ce doux paradis, fumer est interdit :
allumer un calumet est provocateur.
C'est dans un lieu public un acte de terreur,
le geste irresponsable d'un fou perturbateur,
un attentat contre la santé et les mœurs,
un crime qui mérite en général qu'on meure.

Boire en ce lieu abstème est aussi un délit
tout excès est puni, mais les anciens buveurs
sont graciés ; on les aime même, s'ils jurent en chœur
ne plus jamais toucher de vin ni de liqueur
et le pays entier montre qu'il a à cœur
dévot de s'adonner aux sodas des vainqueurs.

The Ballad of the Country of the Forbidden

for Bernard G. Landy in his eightieth year

Who wants to visit the country of the forbidden?
Familiar with the country, I can guide you,
freedom is the most precious property there;
no one can approach it, no one can touch it
because to pay it homage and to protect it
it is supervised, locked away, handcuffed.

Come on holiday to the country I speak of.
It's inhabitants being like big children,
think only of playing, gambolling joyfully
innocent, immature and above all careless.
The government which, on the other hand, is provident
protects them from themselves and their bad tendencies.

In this sweet paradise smoking is forbidden
to light a pipe of peace is a provocation
in a public place it's an act of terror
the irresponsible act of a troubling madman
and affront to health and customs
a crime usually worthy of death.

Drinking in this abstemious place is also an offence
all excess is punished but former drinkers
are forgiven; they are even loved if they swear in unison
never to touch wine or liqueur again
and the whole country shows itself devoted
to the victors' soft drinks.

Pour des raisons d'hygiène, l'amour y est prescrit
bien que réglementé. Mais couvert de latex
de la tête au pied, vous pouvez, sans complexe
appliquant le manuel, (sinon gare à l'index !),
avec vos partenaires, vos concubins, vos ex,
de toutes les espèces, jouir des joies du sexe.

Venez faire une cure dans ce pays joli !
L'air y est très pur et le climat plutôt bon
pour le teint, le moral et les bonnes façons.
Aux malheureux souffrant, l'Etat fait la leçon
et si, par charité, il leur vend du poison
c'est, (pour les faire durer), avec modération.

L'école fait l'objet des soins les plus suivis...
Dans la cour, pas question de se donner des claques.
Sait-on jamais, si un bambin était cardiaque ?
Mieux vaut, quitte à passer pour un vieux prof réac,
les contraindre à revoir leur copie pour le bac
et devant la télé réviser la Star Ac.

Récemment les édiles de ce beau pays
ayant lu (fatal oubli !) la Constitution
y ont inscrit le saint Principe de précaution.
Ainsi, plus d'accidents de la circulation
car les nouveaux modèles mis en fabrication
désormais n'auront plus ni roues ni direction.

Afin d'encourager la pratique du ski
tout en évitant les avalanches, les pertes
non prévues de skieurs à l'occasion des fêtes,
on couvre la montagne avec une chaussette.
et la mer meurtrière aux baigneurs en goguette
tout l'été est bâchée d'une capote verte.

For hygienic reasons, love is required
although under regulations. But covered in latex
from head to foot, you can, without anxiety,
according to the manual, (otherwise watch out for the forefinger!),
with your concubines, your partners, your exes,
of all kinds, enjoy the joys of sex.

Come and be cured in this pretty country!
the air is very pure and the climate generally good
for the complexion, morale and good behaviour
for the unfortunate who suffer, the State lays down the law
and, out of charity, it sells them poison
in moderation (so they'll hold out.)

At school the care couldn't be more extensive
in the playground, no question of slaps
you never know if a child has a heart problem
better risk being taken for an old stick-in-the mud teacher
and force them to rewrite their work for their exams
and in front of the telly revise the Star Academy.

Recently the officials of this beautiful country
having read (fatal neglect!) the Constitution
have written into it the sacred principle of precaution
thus, no more traffic accidents
because the new models
henceforth will have neither wheels nor steering.

To encourage skiing
while avoiding avalanches, unexpected
losses of skiers during celebrations,
they cover the mountain with a sock.
and the sea, murderous to swimming parties
all summer is covered by a green hood.

L'autorité veille aux accidents de la vie.
Personne ne se noie, les piscines sont à sec
plus d'électrocution car il n'y a plus d'électricité
(ni tous ces objets qui vont avec
et qui sont dangereux) ; et celui qui veut s'éclairer
doit se tourner vers Rome ou vers La Mecque…

Dans ce pays plaisant, ordonné et poli
on voit des chiens méchants qui promènent leurs maîtres,
des hommes harnachés aimant à se soumettre
qui portent muselière, des femmes coquettes mettre
cilice et cadenas et l'on voit aux fenêtres
en cage les enfants que l'on a laissés naître.

Qui voudrait s'installer dans ce charmant pays ?
Les étrangers qui sont toujours bien accueillis,
y trouvent le couvert, le gîte et le logis,
respect, prospérité, la liberté aussi
et bien sûr du travail, car les natifs d'ici,
on ne sait trop pourquoi, quittent ce beau pays.

The authorities watch out for fatal accidents.
no one drowns, the pools are dry
no more electrocutions because there's no more
electricity (nor any of the things that go with it
and which are dangerous); and anyone who wants light
must turn to Rome or Mecca…

In this pleasant country, neat and polite
you see fierce dogs who walk their masters,
harnessed men who like to submit
who wear muzzles, charming women wear
hair-shirts and padlocks and at the windows you see
the children they've allowed to be born in cages.

Who would like to settle in this charming country?
Strangers who are always very welcome
find a table, a house, a dwelling
respect, prosperity, freedom too
and of course work, because the natives,
no one knows quite why, leave this fine country.

Jean-Paul II, in memoriam

Ce pape a fait autour du monde
son chemin de croix
en papamobile blindée
et la dernière station de sa Passion
dans sa chambre du Vatican,
entouré de servants,
de médecins et de millions
de postes de télévision.

(Pour Jésus,
ce fut un peu différent.)

In Memoriam, Jean-Paul II

This Pope did his
stations of the cross
around the world
in a bullet proof Popemobile
and the last of his Passion
in his room in the Vatican,
surrounded by servants,
doctors and millions
of television sets.

(For Jesus
it was a little different.)

Actualités mythologiques

d'après Heine

Io, Io, ma soeur,
que les anciens romains
nommaient aussi Europe,
comment te pardonner ?

De Léda, nous connaissons la mésaventure.
quelle se laissât séduire par un cygne,
est bien sûr un peu contre-nature
mais guère étonnant…

Et Sémélé qui a succombé
à une pluie d'or…
Certes, ce n'est pas brillant,
mais les temps sont durs…

Mais toi, comment as-tu pu te laisser ravir
par une vache ? Peut-être une vache folle…
À moins que ce fût un taureau ?

Sache en tout cas qu'on court grand péril
à grimper sur le dos
d'un pareil bestiau,
brutal, jaloux, libidineux,
qui domina le monde et s'est pris pour un dieu.

Mythological News

after Heine

Io, Io, my sister,
that the ancient Romans
also named Europe
how can you be forgiven?

We know about Leda's misadventure
that she allowed herself to be seduced by a swan,
is perhaps a little unnatural
but hardly surprising…

And Semele who succumbed
to a shower of gold…
Of course, it's not brilliant
but the times are hard…

But you, how could you let yourself be raped
by a cow? Perhaps a mad cow…
So long as it was a bull?

You must know that you run a great peril
in climbing on the back
of such a beast
brutal, jealous, lustful,
who dominated the world and took himself for a god.

Épitre à Horace sur le droit à la retraite

Poète latin, tu chantais la vertu de la retraite
le goût simple de vivre à la campagne
loin de l'agitation de la ville
suivre le rythme des saisons,
en prenant soin du jardin, du verger,
du raisin qui mûrit et des oliviers
avec la visite de temps en temps d'un ami
qu'on reçoit, autour d'un repas frugal
les longues conversations et le vin partagé…
Ce bonheur simple qui préfigurait
notre propre conception du bonheur
par lequel se définit une civilisation
bientôt sera réservé à une poignée
de privilégiés, car notre république
est bien bas et le Sénat est tombé
entre des mains corrompues et avides
qui pour l'antique idée du bonheur
enfin accessible à tous n'ont que mépris
quand il s'agit non pas d'eux mais
des simples gens du peuple, des citoyens.
(Ainsi, mon cher Horace, ta poésie
ne sera pas mise en retraite anticipée et tes odes
en apparence si éloignées de nos combats
par leur éloge du bonheur, à nos combats
sont toujours nécessaires.)

Epistle to Horace on the Right to Retirement

Latin poet, you sang of the virtue of retirement
the simple taste for country life
far from the town's agitation
following the rhythm of the seasons
and taking care of the garden, the orchard,
the ripening grapes and the olive trees,
with a friend visiting now and again
welcomed with a frugal meal
long conversations and shared wine…
This simple happiness which prefigures
our own conception of happiness
which defines a civilization
will soon be reserved for a handful
of the privileged, because our republic
is at its nadir and the Senate has fallen
into the corrupt and greedy hands
of those who have nothing but contempt
for the ancient idea of happiness
finally available to all
when it's a matter not of them but of simple citizens.
(So, dear Horace, your poetry
won't enjoy the anticipated retirement and your odes
apparently so remote from our conflicts
through their praise of happiness, are still relevant
to our conflicts.)

Ô gué, vive la rose !

Ô gué !
Il n'y a plus d'ouvriers
les robots font tout le boulot
et dans les allées du paradis
chacun se promène et lit
les poètes post-modernes.

Hey-Ho, Long Live the Rose!

Hey ho!
Where did all the workers go?
robots do all the jobs:
on heaven's path all free of weeds
everybody strolls and reads
post-modern poets.

Graine de chef

Regardez ce jeune en bas dans la cité,
il a les oreilles décollées
il est petit, nerveux, teigneux,
et ambitieux.
Déjà à l'école il s'était spécialisé
dans les croche-pieds.
Il est jaloux comme un poux
Même sa copine l'a laissé tombé.
Il en dit beaucoup
mais en fait beaucoup moins.
Il roule les mécaniques
mais envoie ses copains
faire le coup de poing
quand débarquent les flics.
Bref,
c'est un chef,
une vraie terreur !
Monsieur le président
ne laissez pas un tel talent ;
inemployé ; faites-le
(au moins)
ministre de l'Intérieur.

Seed of a Boss

Look at this young lad down there in the city
his ears stick out
he's small, nervous, scurvy
and ambitious.
Already at school he's specializing in
tripping up.
he's as jealous as a flea.
Even his girlfriend has dropped him.
he talks about it a lot
but does much less.
He sets the ball rolling
but sends his mates
to use their fists
when the cops arrive.
In short
he's a boss
a real pain!
Mr President
don't let such a talent
be unemployed: make him
at least
Home Secretary.

Le monde à l'envers

d'après Heine

Les salariés, la chose est connue, sont des privilégiés ;
les faire bosser plus et retarder leur retraite
est une nécessité de la justice et du progrès social
de même que remettre en cause leur droit de grève
la durée légale du travail ou les remboursements de
sécurité sociale…
C'est que nous vivons dans un étrange pays,
où les lièvres dans les champs tirent les chasseurs,
où les poules dans les forêts déplument les renards
où les huîtres le soir du réveillon
gobent tout cru les fêtards
pendant que les canards rêvent de foie gras
et que ceux qui sont au sommet n'ont souci
que du bonheur des humbles et des petits.

The World Turned Upside Down

after Heine

Employees, it's well-known, are privileged;
to make them work more and postpone their retirement
is a necessity of justice and social progress
in the same way as questioning their right to strike
the legal limit to working hours or social security
payments…
it's because we live in a strange country
where hares in the fields shoot the hunters
where the chicken in the forest pluck the foxes
where the oysters during midnight supper
swallow the party-goers raw
while ducks dream of paté
and those at the top are worried only
about the happiness of the lowly and insignificant.

Conseil d'un vieux poète satirique à un blanc-bec qui débute dans le métier

Regarde
l'oeil narquois
passer les trains,
une marguerite entre les dents,
et surtout
reste vache.

Advice From an Old Satirical Poet to a Novice about to Start

Look
with a suspicious eye
on passing trains,
a daisy between your teeth
and above all
don't give an inch.

Alléluia pour des chaussures

Chaussures, grolles, godasses,
vous les modestes, les méprisées,
les racornies, les avachies, les traîne-poussière,
vous les auxiliaires indispensables et maltraités
de ceux qui marchent dans la boue ou sur l'asphalte des cités,
vous qui dans le meilleur des cas vous faites oublier
parce que vous accomplissez votre devoir sans mot dire
et sans faire souffrir nos orteils,
voici que par la grâce d'un lancer audacieux
contre le Président des Etats-Unis
vous inaugurez dans l'histoire de l'humanité
une carrière nouvelle.
Par votre vol perpendiculaire et redoublé
visant un président qui se fiche de l'honneur
comme de ses premières baskets
vous avez vengé l'honneur
des peuples humiliés.
Chaussures
arme de destruction massive
de la respectabilité,
nouvel outil du journaliste-terroriste
interdit de s'exprimer,
drapeau des peuples va-nu-pieds…
Godillots musagètes,
béni soit votre vol plané !
Vous mériteriez un poème,
un monument,
un jour férié
et des manifestations dans le monde entier
où chacun s'en irait par les rues
vous arborant autour du cou
attachées par paire
comme un foulard de combattant.

Hallelujah for Shoes

Shoes, toe-rags, boots,
you the modest, the disdained
the hardened, the misshapen, the dust-scuffers,
you the indispensable and ill-treated auxiliaries
of those who walk in mud or on the asphalt of towns
you who in the best of circumstances will be forgotten
because you carry out your duties without saying a word
and without hurting our toes,
thanks to a cheeky throw
at the President of the United States
you bring a new career
to human history.
Through your high, looping flight
aimed at a president puffed with pride
as over his first pair of trainers
you avenged the honour
of humiliated peoples.
Shoes
weapon of mass destruction
of respectability
new tool of the journalist-terrorist,
forbidden to express himself
flag of the bare-foot people…
Apollonian hob-nailed boot
blessed be your gliding flight!
you should have a poem written about you,
a monument erected,
a bank holiday created
and demonstrations held in your support all over the world
where people would walk through the streets
with you in pairs
around their necks
like a combatant's scarf.

Contrôle d'identité

– C'est un peu la pagaïe, dans ces papiers !
– Faut comprendre, monsieur l'agent,
chez moi vous trouverez :
un Cévenol, un occitan
un Banlieusard, d'Aubervilliers,
un Parisien,
un Français (je n'ai pas envie de le nier)
un Européen (peut-être…)
un Terrien (de l'espèce
internationaliste).
Vous trouverez aussi :
un amoureux,
un poète,
un militant,
un marxiste,
(tendance taoïste),
un athée,
d'ascendance probablement protestante
un ancien étudiant en langues orientales
un fils,
un père,
un grand-père,
un lecteur et un éditeur,
un pauvre manuel,
un intellectuel pauvre,
qui ne manque ni de ressources ni de richesses,
un amateur de cuisine et de vins,
(qui ne déteste ni l'eau ni le whisky)
un vigneron,
un croquant des villes,
un citadin de la campagne,
un obsédé des bains de mer,
(et de quelques autres plaisirs)…

Identity Check

'These papers are a bit of a pig's ear!'
'You must understand, constable,
in me you will discover:
a native of the Cévennes, a southerner,
a man of the banlieu from Aubervilliers,
a Parisian,
a Frenchman (I don't want to deny it)
a European (perhaps…)
an earthling (of the international
kind).
You'll find also:
a lover,
a poet,
a militant
a Marxist
(of the Taoist tendency)
an atheist,
of probably protestant inheritance
a former student of oriental languages
a son,
a father,
a grandfather,
a reader and a publisher,
a hopeless manual worker,
a poor intellectual,
who lacks neither resources nor wealth
a lover of cooking and wine
(who detests neither water nor whisky)
a vine-grower,
a town peasant
a citizen of the countryside
a fanatical sea-swimmer
(and of several other pleasures)…

un sportif ? (Non, très peu...
ou alors, il y a longtemps...),
un voyageur,
un ami (plutôt fidèle),
un peintre du dimanche,
et un combattant des jours de la semaine et parfois du week-end...
– Dîtes-moi, ça fait beaucoup de monde là-dedans...
– et je crois que j'ai dû en oublier...

a sportsman? (no, very little
or, long ago…),
a traveller
a friend (pretty faithful),
a Sunday painter,
a weekday and sometimes weekend
fighter..
'You're not kidding,
 that's a lot of people…'
'And I think I've forgotten a few…'

L'espérance

L'espérance est pareille
à la fleur la plus belle.
Il faut régulièrement
changer son eau
sinon
elle dépérit
et se met
à sentir mauvais.

Hope

Hope is like
the most beautiful flower.
it's water must be changed
regularly
otherwise
it will wilt
and start
to smell badly.

Conseil au prince

Prends un pays
et répète-lui tous les jours
à l'oreille
même pendant son sommeil
de se méfier,
d'avoir peur des autres,
des étrangers,
qui en veulent à son pain,
des terroristes,
qui en veulent à sa vie,
des oiseaux,
qui transportent des virus,
du soleil, des nuages,
du climat,
qui en veulent à sa douceur…
et aussi, bien sûr,
d'avoir peur de lui-même.
Et bientôt
tu pourras
le faire enfermer.

Advice to a Prince

Take a country
and repeat every day,
in its ear,
even when it's sleeping,
to beware,
to be afraid of others,
foreigners,
who want some of your bread,
terrorists,
who've got it in for you,
birds,
which carry viruses,
the sun, the clouds,
the climate,
which has got it in for your pleasant life…
and also, of course
to be afraid of itself.
And soon
you will be able
to imprison it.

Optimisme scientifique

Nous avons vaincu
la peste bubonique
le choléra
le mal des ardents
le scorbut
la phtisie galopante
et déjà nous avons beaucoup fait reculer
la lèpre, la tuberculose et la scarlatine…
Peut-être demain
grâce aux progrès de la médecine
viendrons-nous à bout
du cancer financier.

Scientific Optimism

We have beaten
bubonic plague
cholera
St Anthony's Fire
scurvy
galloping consumption
and already we have driven back
leprosy, tuberculosis and scarlet fever…
Perhaps tomorrow
thanks to medical progress
we'll see the end
of financial cancer.

Ce monde est bien fait

Ce monde où nous vivons
est bien fait :
le jour succède à la nuit
le soleil nous réveille
les nuages qui le voilent
apportent la pluie dont la terre a besoin
pour nous donner à tous
le blé, les fruits, les fleurs…
Tout est en ordre :
les arbres poussent vers le haut
les rivières coulent vers le bas pour rejoindre la mer
les oiseaux ont des ailes pour voler
les poissons, des écailles pour ne pas se mouiller
les chiens, une queue pour être heureux
et les hommes et les femmes,
ce qu'il faut pour s'aimer…
et j'en connais
qui n'ont pas fini
de s'en émerveiller.
oui, ce monde est bien fait :
il y a des rues pour les mendiants
et des palaces pour les banquiers.
Tout est en ordre.
oui, vraiment,
Notre monde est bien fait.

This World is Well Made

This world where we live
is well made:
day follows night
the sun wakes us up
the clouds which cover it
bring the rain the earth needs
to provide us all
with wheat, fruits, flowers…
Everything is as it should be:
trees grow upwards
rivers run downhill towards the sea
birds have wings to fly
fish, scales so they stay dry
dogs, a tail to be happy
and men and women
what they need to love one another..
And I know people
who are endlessly
amazed by it.
Yes, this world is well made:
there are streets for beggars
and palaces for bankers.
Everything is as it should be.
Yes, truly,
our world is well made.

Un coquelicot

Dans la zone commerciale,
parmi les voitures et les panneaux publicitaires,
à cet endroit où personne ne fait attention à lui,
près du trottoir,
jaillissant d'une fissure dans le goudron
un coquelicot
fragile et solitaire
se tient
droit,
courageux,
écarlate.

Comment ne pas être optimiste ?

A Poppy

In the commercial area
among the cars and the advertising hoardings,
in this place where no one pays it any attention,
near the pavement
springing from a crack in the tarmac
a poppy
fragile and solitary
holds itself
straight
brave
scarlet.

How can we not be optimistic?

Être unis

Il y a tant de raisons de vivre divisés

grains de sable érodés par l'eau et par le vent

grains de sable ignorant de ce qu'est le cristal

Il y a tant de raisons de vivre divisés

Chaque feuille sur l'arbre peut se sentir unique

Et nous avons raison – toujours – contre les autres

Il y a tant de raisons de vivre divisés

salariés marchandant leur peau sur le marché
comme autant d'atomes tournoyant dans le vide
identiques et concurrents

Le peuple est un mercure à l'ordinaire liquide
or nous savons le chiffre et la formule
de la fusion et de la solidification

S'unir est le moyen
mais c'est aussi la fin

Être ensemble est déjà la victoire.

Being United

There are plenty of reasons to live divided

grains of sand eroded by water and wind

grains of sand unaware of what crystal is

There are plenty of reasons to live divided

Each leaf on the tree can feel unique

And we are right – always – against others

There are plenty of reasons to live divided

employees selling their skin in the market
like so many atoms spinning in the void
identical and concurrent

The people are ordinary liquid mercury
now we know the number and the formula
for fusion and solidification

To unite is the means
but also the end

To come together as one is already victory.

Facile

C'est assez facile
changer la nuit en jour
(le soleil fait ça tous les matins).

C'est assez facile
changer la glace en eau
(quelques rayons suffisent).

C'est assez facile
faire naître des fleurs
au bout de nos vieilles branches
(un peu de printemps suffit).

C'est assez facile
changer ce monde inégal
et injuste
(il suffit pour cela d'assez peu :
s'unir).

Simple

It's quite easy
to change day to night
(the sun does it every morning).

It's quite simple
to change ice to water
(a few rays will do).

It's quite simple
to produce flowers
at the end of our old branches
(a bit of spring time is enough).

It's quite simple
to change this unequal and
unjust world
(not much is needed:
to come together).